Espera de Deus

Dados Internacionais de Catalogação na Publicação (CIP)
(Câmara Brasileira do Livro, SP, Brasil)

Weil, Simone, 1909-1943
  Espera de Deus : cartas escritas de 19 de janeiro a 26 de maio de 1942 / Simone Weil ; tradução de Karin Andrea de Guise. – Petrópolis, RJ : Vozes, 2019. – (Série Clássicos da Espiritualidade)
  Título original: Attente de Dieu : lettres écrites du 19 janvier au 26 mai 1942

  2ª reimpressão, 2024.

  ISBN 978-85-326-6088-6
  1. Deus – Adoração e amor 2. Weil, Simone, 1909-1943 – Correspondência 3. Weil, Simone, 1909-1943 – Religião I. Título. II. Série.

19-24561 CDD-231.6

Índices para catálogo sistemático:
  1. Amor e Deus : Cristianismo   231.6

Cibele Maria Dias – Bibliotecária – CRB-8/9427

Simone Weil

Espera de Deus
Cartas escritas de 19 de janeiro a
26 de maio de 1942

Tradução de Karin Andrea de Guise

Petrópolis

Tradução do original em francês intitulado
Attente de Dieu – (Lettres écrites du 19 janvier au 26 mai 1942).
Tradução realizada a partir da edição digital da Biblioteca da
Université du Québec à Chicoutimi, 2007.

© desta tradução:
2019, Editora Vozes Ltda.
Rua Frei Luís, 100
25689-900 Petrópolis, RJ
Brasil

Todos os direitos reservados. Nenhuma parte desta obra poderá ser reproduzida ou transmitida por qualquer forma e/ou quaisquer meios (eletrônico ou mecânico, incluindo fotocópia e gravação) ou arquivada em qualquer sistema ou banco de dados sem permissão escrita da editora.

CONSELHO EDITORIAL

Diretor
Volney J. Berkenbrock

Editores
Aline dos Santos Carneiro
Edrian Josué Pasini
Marilac Loraine Oleniki
Welder Lancieri Marchini

Conselheiros
Elói Dionísio Piva
Francisco Morás
Gilberto Gonçalves Garcia
Ludovico Garmus
Teobaldo Heidemann

Secretário executivo
Leonardo A.R.T. dos Santos

PRODUÇÃO EDITORIAL

Aline L.R. de Barros
Marcelo Telles
Mirela de Oliveira
Otaviano M. Cunha
Rafael de Oliveira
Samuel Rezende
Vanessa Luz
Verônica M. Guedes

Conselho de projetos editoriais
Luísa Ramos M. Lorenzi
Natália França
Priscilla A.F. Alves

Editoração: Ana Lucia Q.M. Carvalho
Diagramação: Sheilandre Desenv. Gráfico
Revisão gráfica: Alessandra Karl
Capa: Editora Vozes
Ilustração: Lúcio Américo de Oliveira

ISBN 978-85-326-6088-6

Este livro foi composto e impresso pela Editora Vozes Ltda.

SUMÁRIO

Prefácio, 7

Cartas, 11
I – Hesitações diante do batismo, 13
II – Mesmo assunto, 21
III – Sobre a sua partida, 27

Cartas de adeus, 31
IV – Autobiografia espiritual, 33
V – Sua vocação intelectual, 55
VI – Últimos pensamentos, 59

Ensaios, 73
Reflexões sobre o bom uso dos estudos escolares em vista do amor a Deus, 75
O amor de Deus e o infortúnio, 87
Formas do amor implícito de Deus, 107
Sobre o *Pater*, 181
Os três filhos de Noé e a história da civilização mediterrânea, 191

Apêndice, 207
Carta a J.M. Perrin, 208
Carta a Gustave Thibon, 211
Carta a Maurice Schumann, 213

Prefácio

Simone Weil (1909-1943) foi uma das personagens místicas mais significativas da Modernidade. Isso porque seus escritos trazem temáticas e inspirações que não eram comuns em sua época, adiantando questões como ecumenismo, o processo de individuação da fé e os processos catecumenais que ganhariam expressão somente anos ou décadas após sua morte.

Nascida em Paris, Simone Weil foi criada com pressupostos agnósticos. Somado ao senso de pertença social e compaixão, Simone se inclina à participação política e à sensibilidade aos menos privilegiados. Não se vinculou a um partido político, mas também não abriu mão do ativismo social, da paixão pela revolução proletária e da discussão filosófica sobre a vida política. Tal consciência a acompanhou até o fim de sua vida.

Em 1934 iniciou uma experiência junto aos operários da Renault, fato esse paradigmático não apenas na vida de Weil, mas conhecido por todos aqueles que se aproximam de suas obras. Ela dividia seu salário com operários desempregados. Seu objetivo era perceber, no cotidiano, como era a vida dos operários, e por isso com eles também partilhava suas experiências de vida. Devido à sua condição física debilitada, Weil constantemente recebia ajuda dos outros trabalhadores. O anseio por uma vida de práticas e atitudes sempre fizeram parte da vida de Simone Weil.

Ainda em 1934 deixa seu cargo como professora e ingressa na luta da Guerra Civil espanhola. Em 1941 se refugia em Marselha, onde tem contato com o dominicano Gustave Thibon. Com ele aprofunda algumas de suas inspirações cristãs. Em 1942 vai para Nova Iorque com seus pais e no final do mesmo ano volta para a Europa, passando a viver em Londres.

Espera de Deus é uma obra mística que se ocupa, sobretudo, da profundidade e intensidade da relação com Deus. Contudo é importante nos atermos ao fato de que Simone Weil não escreve textos acadêmicos, por mais que trate da racionalidade no processo da percepção e vivência do amor de Deus. Tratam-se de inspirações, sem muita organização sistêmica, mas que não deixam de ter a profundidade de suas reflexões. Muitas das cartas foram escritas no contexto de sua partida para os Estados Unidos.

Tendo como critério a intimidade com Deus, o místico não se ocupa da reprodução da ortodoxia. No caso de Simone Weil até mesmo há uma rejeição a ela se entendida como proibidade intelectual. É possível dizer que o místico se ocupa de uma ortopraxia onde o critério assumido é o dos acontecimentos pessoais e o da coerência ética que busca vincular a atitude pessoal com a experiência vivida.

Espera de Deus é uma obra publicada a partir de um conjunto de cartas e ensaios deixados por Simone Weil. De modo geral, as reflexões de Weil são a respeito dos motivos que a levam a não querer receber o Sacramento do Batismo, por mais que se sinta seduzida pelo cristianismo. Para Weil os sacramentos estão no campo do mistério por provocarem contato com Deus e não podem ser resumidos a ritos de pertença institucional. O batismo é visto, portanto, como consequência de um nível de espiritualidade que possibilita a adesão à Igreja.

Junto com a reflexão acerca do batismo, Weil coloca a decisão de não pertencimento à Igreja: "Para colocar um término neste assunto que me diz respeito, digo o seguinte: o tipo de inibição que me mantém fora da Igreja é devido ou ao estado de imperfeição em que me encontro, ou pelo fato da minha vocação e da vontade de Deus se oporem a isso" (p. 16).

A adesão batismal não pode ser dissociada do seguimento de Cristo e da adesão ao grupo de seus seguidores agregados à sua Igreja. E justamente por isso a não adesão batismal pode ser entendida como reserva à fé católica. Para Weil há uma clara distinção – e não necessariamente oposição – entre o seguimento de Jesus e a fé eclesial. A Igreja é vista como meio e não como fim.

Em *Espera de Deus* Weil se ocupa, sobretudo, do dilema entre receber ou não o batismo. Suas cartas e escritos demarcam a passagem de um pensamento marcado pelo agnosticismo anticlerical para uma pesquisa religiosa que não cessou até sua morte e continuam ainda relevantes, seja para os leitores de Weil, seja para aqueles que querem pensar a eclesialidade atual, seja para aqueles que buscam discernir sobre a relevância do cristianismo.

Welder Lancieri Marchini
Editor Vozes

Cartas

I
Hesitações diante do batismo

19 de janeiro de 1942.

Meu querido padre,

Decidi escrever-lhe... para encerrar – pelo menos até nova ordem – nossas conversas a respeito do meu caso. Estou cansada de falar sobre mim, pois é um assunto deplorável; mas sou obrigada a voltar a ele por causa do interesse que o senhor me dedica devido à sua caridade.

Eu andei me perguntando nestes últimos dias sobre a vontade de Deus, em que ela consiste e de qual maneira podemos chegar a nos conformar completamente a ela. Vou lhe dizer o que penso.

É preciso distinguir três campos. Primeiro, aquilo que não depende absolutamente de nós; isso compreende todos os fatos realizados em todo o universo neste instante. Em seguida, tudo o que está em vias de realização ou destinado a se cumprir mais tarde fora do nosso alcance. Neste âmbito, tudo aquilo que se produz é, de fato, a vontade de Deus, sem exceção. É preciso, portanto, amar absolutamente tudo, no conjunto e em cada detalhe, inclusive o mal em todas as suas formas; sobretudo seus próprios pecados passados, especialmente por eles serem passados (pois é preciso odiá-los enquanto sua raiz ainda estiver presente), seus próprios sofrimentos passados, presentes e por vir e – o que é de longe o mais difícil – os sofrimentos dos outros seres humanos, na medida em que não somos chamados a aliviá-los. Dito de outra maneira, é preciso sentir a realidade e a presença de Deus através de todas as coisas exteriores sem exceção, tão claramente quanto a mão que sente a consistência do papel através da caneta e da pluma.

O segundo campo está subordinado ao império da vontade. Ele compreende as coisas puramente naturais, próximas, facilmente representáveis por meio da inteligência e da imaginação, dentre as quais podemos escolher, dispor e combinar de fora os meios determinados tendo em vista os fins definidos e concluídos. Neste campo, é preciso executar sem fraqueza e sem demora tudo que surge manifestamente como um dever. Quando nenhum dever aparece manifestamente, é preciso tanto observar as regras escolhidas mais ou menos arbitrárias, mas fixas, quanto seguir a inclinação, mas de maneira limitada. Pois uma das formas mais perigosas do pecado, ou talvez a mais perigosa, consiste em colocar o ilimitado em um campo essencialmente finito.

O terceiro campo é o das coisas que, sem estarem situadas sob o império da vontade, sem serem relativas aos deveres naturais, tampouco são inteiramente independentes de nós. Neste campo, nós sofremos uma coação por parte de Deus, com a condição de que mereçamos sofrê-la e na medida exata em que a merecemos. Deus recompensa a alma que pensa nele com atenção e amor, e Ele a recompensa exercendo sobre ela uma coação rigorosamente, matematicamente proporcional a esta atenção e este amor. É preciso abandonar-se a este impulso, correr até o ponto preciso onde Ele o conduzir, e não dar um único passo a mais, mesmo na direção do bem. Ao mesmo tempo, é preciso continuar a pensar em Deus cada vez com mais amor e atenção, e assim conseguir ser cada vez mais impulsionado para frente, ser objeto de uma sujeição que se apodera de uma parte da alma que cresce perpetuamente. Quando a sujeição se apodera de toda a alma, chegamos a um estado de perfeição. Mas não importa em qual grau estejamos, não devemos realizar nada mais além daquilo ao qual somos irresistivelmente empurrados, mesmo em vista do bem.

Da mesma forma, interroguei-me sobre a natureza dos sacramentos e vou contar-lhe também a que conclusões cheguei.

Os sacramentos têm um valor específico que constitui um mistério enquanto provocarem uma espécie de contato com Deus; contato misterioso, mas real. Ao mesmo tempo, têm um valor puramente humano enquanto símbolos e cerimônias. Sob este segundo aspecto, eles não diferem essencialmente dos cantos, gestos e palavras de ordem de certos partidos políticos; ao menos, não diferem essencialmente por si mesmos; é claro que eles diferem infinitamente pela doutrina à qual eles se reportam. Acredito que a maior parte dos fiéis tem contato com os sacramentos apenas como símbolos e cerimônias, aí compreendidos alguns que são persuadidos do contrário. Não importa quão estúpida seja a teoria de Durkheim que confunde o religioso com o social; ela encerra, contudo, uma verdade, a saber: o sentimento social parece equivocar-se e tomar-se por um sentimento religioso. É como se confundíssemos um diamante falso com um diamante verdadeiro, de maneira a enganar efetivamente aqueles que não possuem o discernimento sobrenatural. De resto, a participação social e humana nos sacramentos como cerimônias e símbolos é uma coisa excelente e salutar, enquanto etapa, para todos cujo caminho está traçado sobre esta via. No entanto, esta não é uma participação nos sacramentos como tais. Creio que apenas aqueles que estão acima de um certo nível de espiritualidade podem tomar parte nos sacramentos. Quem está abaixo desste nível, não importa o que faça, enquanto não tiver alcançado um determinado nível de espiritualidade, não pertence, propriamente dito, à Igreja.

Quanto a mim, eu acredito estar abaixo deste nível. É por essa razão que disse há alguns dias que me vejo como indigna dos sacramentos. Esse pensamento não me vem, como o senhor acreditava, por um excesso de escrúpulo. Por um lado, ele está fundamentado sobre a consciência das faltas bem definidas na ordem da ação e das relações com os seres humanos, faltas graves e até mesmo vergonhosas, e o senhor certamente as julgaria desta maneira, sendo, ainda por cima, bastante frequentes; por outro lado e sobretudo, sobre um sentimento de insuficiência geral. Eu não me expresso desta maneira por ser humilde. Pois se eu possuísse a virtude da humildade – que é, talvez, a mais bela das virtudes – eu não estaria neste estado miserável de insuficiência.

Para colocar um término neste assunto que me diz respeito, digo o seguinte: o tipo de inibição que me mantém fora da Igreja é devido ou ao estado de imperfeição em que me encontro, ou pelo fato da minha vocação e da vontade de Deus se oporem a isso. No primeiro caso, não posso remediar diretamente essa inibição, apenas indiretamente tornando-me menos imperfeita, se a graça me ajudar. Para isso é preciso apenas, de um lado, esforçar-me para evitar as faltas no campo das coisas naturais; por outro lado, colocar ainda mais atenção e amor no pensamento sobre Deus. Se a vontade de Deus for que eu entre na Igreja, Ele me imporá essa vontade no momento preciso no qual merecerei que Ele a imponha a mim.

No segundo caso, se a sua vontade não for a de que eu entre, como eu poderia entrar? Eu sei que o senhor me repetiu diversas vezes que o batismo é a via comum da salvação – ao menos nos países cristãos – e que não há razão alguma para que eu tenha uma via excepcional. Isso é óbvio. Mas, no entanto, se passar por essa via for algo que não faça parte do meu caminho, que realmente não me pertença, o que eu iria fazer ali? Se fosse concebível que nos condenamos obedecendo a Deus e nos salvamos desobedecendo-lhe, eu escolheria, assim mesmo, a obediência.

Parece-me que a vontade de Deus não é que eu entre na Igreja agora. Pois, como já lhe disse, e ainda é verdade, a inibição que me retém não é menos forte nos momentos de atenção, amor e oração do que em outros momentos. Entretanto, eu senti uma grande alegria ao escutá-lo dizer que os meus pensamentos, tais como os expus, não são incompatíveis com o pertencimento à Igreja e que, consequentemente, eu não lhe sou estrangeira em espírito.

Não posso deixar de continuar a me perguntar se, nestes tempos onde uma parte tão grande da humanidade está submersa pelo materialismo, Deus não quer que haja homens e mulheres que tenham se dado a Ele e a Cristo e que, no entanto, permaneçam fora da Igreja.

Em todo caso, quando eu penso concretamente em entrar na Igreja ou como algo que poderia estar próximo, nenhum pensamento me magoa mais do que o de me separar da massa imensa e infeliz dos fiéis. Tenho a necessidade essencial, e creio poder dizer, a vocação, de passar entre os homens e os diferentes meios humanos confundindo-me com eles, tomando as mesmas cores, ao menos na medida em que a consciência não se opõe, desaparecendo entre eles para que eles se mostrem como são e sem colocar disfarces para mim. Desejo conhecê-los a fim de amá-los como eles são. Pois se eu não os amar como são, não serão eles que eu amo, e meu amor não será verdadeiro. Não falo em ajudá-los, pois para isto, infelizmente, até agora eu me mostrei totalmente incapaz. Penso que em hipótese alguma eu entraria em uma ordem religiosa, para não me separar, devido a um hábito, do comum dos homens. Há seres humanos para quem esta separação não tem nenhum grave inconveniente, pois eles já estão separados do comum dos homens pela pureza natural da sua alma. Para mim, pelo contrário, creio já ter lhe dito isso, eu carrego em mim o germe de todos os crimes ou quase todos. Eu me dei conta disso sobretudo durante uma viagem, em circunstâncias que já lhe contei. Os crimes me causavam horror, mas não me surpreendiam; eu sentia em mim a possibilidade; foi exatamente por ter sentido em mim a possibilidade que eles me causaram horror. Essa disposição natural é perigosa e muito dolorosa, mas como toda espécie de disposição natural, ela pode servir ao bem se soubermos utilizá-la de maneira conveniente com a ajuda da graça. Ela implica uma vocação, que é a de permanecer, de algum modo, anônima, apta a se misturar a qualquer momento com a massa da humanidade comum. Ora, nos nossos dias, o estado dos espíritos é tal que há uma barreira mais definida, uma separação maior, entre um católico praticante e um não crente do que entre um religioso e um leigo.

Eu sei que Cristo disse: "Qualquer um que se envergonhe de mim diante dos homens eu me envergonharei dele diante do meu Pai". Mas envergonhar-se de Cristo talvez não signifique para todos e em todos os casos não aderir à Igreja. Para alguns, isso pode significar apenas não executar os preceitos de Cristo, não reverberar seu Espírito, não honrar o seu Nome quando a ocasião se apresentar, não estar pronto para morrer por fidelidade a Ele.

Eu lhe devo a verdade, correndo o risco de feri-lo, apesar de ser extremamente doloroso para mim magoá-lo. Eu amo a Deus, Cristo e a fé católica, apesar de ser uma pessoa tão miseravelmente insuficiente para amá-los. Eu amo os santos através dos seus escritos e dos relatos das suas vidas – com exceção de alguns que me são impossíveis amar plenamente e tampouco vê-los como santos. Eu amo os seis ou sete católicos que possuem uma espiritualidade autêntica que o acaso me fez encontrar ao longo da minha vida. Eu amo a liturgia, os cantos, a arquitetura, os ritos e as cerimônias católicas. Mas eu não tenho, em grau algum, amor pela Igreja propriamente dita, fora da sua relação com todas essas coisas que eu amo. Sou capaz de simpatizar com quem tem esse amor, mas não consigo senti-lo. Eu bem sei que todos os santos o sentiram, mas quase todos nasceram e foram criados na Igreja. De qualquer maneira, não damos amor por vontade própria. Tudo o que posso dizer é que se esse amor constitui uma condição para o progresso espiritual, o que eu ignoro, ou se ele faz parte da minha vocação, desejo que ele me seja concedido um dia.

Talvez uma parte dos pensamentos que acabo de expor seja ilusória e ruim. Mas em um certo sentido, isso pouco me importa; não quero mais examinar, pois após todas essas reflexões, cheguei a uma conclusão que é a resolução pura e simples de não mais pensar na questão da minha eventual entrada na Igreja.

É muito possível que após ter ficado sem pensar nisso durante semanas, meses ou anos, um dia eu sentirei de repente o impulso irresistível de pedir imediatamente o batismo e irei correndo pedi-lo. Pois o caminho da graça nos corações é secreto e silencioso.

Talvez também minha vida chegará ao fim sem que eu tenha jamais sentido esse impulso. Mas uma coisa é absolutamente certa: se algum dia eu chegar a amar a Deus o suficiente para merecer a graça do batismo, receberei essa graça nesse mesmo dia, infalivelmente, sob a forma que Deus quiser; seja por meio do batismo propriamente dito, seja de uma maneira completamente diversa. Por conseguinte, por que eu teria alguma preocupação? Não cabe a mim pensar em mim. Cabe a mim pensar em Deus. É Deus que deve pensar em mim.

Esta carta é muito longa. Mais uma vez, tomei o seu tempo mais do que seria conveniente. Peço-lhe perdão. Minha desculpa é que ela constitui, pelo menos provisoriamente, uma conclusão.

Acredite na minha mais profunda gratidão.

Simone Weil

II
Mesmo assunto

Meu querido padre,

Este é um *post scriptum* da carta na qual eu lhe disse que era provisoriamente uma conclusão. Espero, pelo senhor, que este seja o último. Temo aborrecê-lo. Mas se assim for, guarde para si mesmo. Não é culpa minha se penso ter que lhe prestar contas dos meus pensamentos.

Os obstáculos de ordem intelectual que até esses últimos tempos me detiveram no limiar da Igreja podem ser vistos a rigor como tendo sido eliminados, desde que o senhor não se recuse a me receber como eu sou. No entanto, alguns obstáculos ficaram.

Levando tudo em consideração, creio que eles conduzem a isto: o que me dá medo é a Igreja como coisa social. Não apenas devido a suas máculas, mas pelo próprio fato de ela ser, entre outras características, uma coisa social. Não que eu tenha um temperamento muito individualista. Tenho medo pela razão contrária. Tenho em mim uma forte inclinação gregária. Eu sou, por disposição natural, extremamente influenciável; influenciável em excesso, sobretudo nas coisas coletivas. Sei que se tivesse diante de mim neste momento vinte jovens alemães cantando em coro cânticos nazistas, uma parte da minha alma se tornaria imediatamente nazista. Essa é uma grande fraqueza. Mas é assim que eu sou. Creio que de nada serve combater diretamente as fraquezas naturais. É preciso se violentar para agir como se não as tivéssemos em circunstâncias nas quais um dever exige imperiosamente que não as tenhamos; e no curso ordinário da vida é preciso conhecê-las bem, dar-se conta delas com prudência e esforçar-se para fazer bom uso, pois todas elas podem ser bem utilizadas.

Tenho medo desse patriotismo da Igreja existente nos meios católicos. Eu ouço patriotismo no sentido do sentimento que damos a uma pátria terrestre. Tenho medo, pois temo contraí-lo pelo contágio. Não que a Igreja me pareça indigna de inspirar um tal sentimento. Mas porque não quero para mim nenhum sentimento desse tipo. A palavra querer é imprópria. Eu sei, eu sinto com certeza que todo sentimento desse tipo, não importa qual seja o objeto, é funesto para mim.

Alguns santos aprovaram as Cruzadas, a Inquisição. Não posso deixar de pensar que eles tenham se enganado. Não posso recusar a luz da consciência. Se penso que em um ponto eu vejo mais claro do que eles, eu que estou tão longe abaixo deles, devo admitir que nesse ponto eles foram cegados por algo muito poderoso. Esse algo é a Igreja enquanto coisa social. Se essa coisa social lhes fez mal, que mal ela não faria a mim, que sou particularmente vulnerável às influências sociais e que sou quase infinitamente mais fraca do que eles?

Nunca ninguém jamais disse ou escreveu algo que vá tão longe quanto as palavras do diabo a Cristo, em São Lucas, relativas aos reinos deste mundo: "Eu te darei todo este poder e a glória que o acompanha, pois eles me foram entregues, a mim e a todo ser a quem eu quiser dá-los". O resultado é que o social é irredutivelmente o reino do diabo. A carne nos empurra para dizermos *eu* e o diabo nos empurra para dizermos *nós*; ou melhor, para utilizar a expressão usada pelos ditadores: *Eu* com um significado coletivo. E, de acordo com sua própria missão, o diabo fabrica uma falsa imitação do divino, o *ersatz* do divino.

Por social eu não escuto tudo aquilo que diz respeito a uma cidade, mas apenas aos sentimentos coletivos.

Eu sei que é inevitável que a Igreja seja também uma coisa social, sem a qual ela não existiria. Mas enquanto ela for uma coisa social, ela pertence ao príncipe deste mundo. Por ela ser um órgão de conservação e de transmissão da verdade, existe aí um perigo extremo para aqueles que são, como eu, excessivamente vulneráveis às influências sociais. Pois, dessa maneira, aquilo que existe de mais puro e aquilo que existe de mais sujo, sendo semelhantes e confundidos sob as mesmas palavras, formam uma mistura quase impossível de se decompor.

Existe um meio católico pronto para acolher calorosamente qualquer um que entre na Igreja. Ora, eu não quero ser adotada em um meio, habitar em um meio onde dizem "nós" e ser parte deste "nós", encontrar-me em casa em um meio humano, não importa qual seja. Ao dizer que não quero, eu me expresso mal, pois eu bem que gostaria; tudo isso é delicioso. Mas sinto que isso não me é permitido. Eu sinto que para mim é necessário encontrar-me sozinha, estrangeira e em exílio para com qualquer meio humano, sem exceção.

Isso parece estar em contradição com aquilo que tinha escrito sobre minha necessidade de me fundir com qualquer meio humano por onde eu passar, de ali desaparecer; mas, na realidade, é o mesmo pensamento; desaparecer não é fazer parte, e a capacidade de me fundir em todos implica que eu não faço parte de nenhum.

Eu não sei se consigo fazê-lo compreender essas coisas quase inexprimíveis.

Essas considerações dizem respeito a este mundo e parecem desprezíveis se colocarmos em perspectiva o caráter sobrenatural dos sacramentos. Mas, justamente, eu temo em mim a mistura do sobrenatural e do mal.

Com certeza, a fome é uma relação com o alimento bem menos completa, mas tão real quanto o ato de comer.

Talvez não seja inconcebível que em um ser com tais disposições naturais, tal temperamento, tal passado, tal vocação e assim por diante, o desejo e a privação dos sacramentos possam constituir um contato mais puro do que a participação nos sacramentos.

Realmente não sei se as coisas funcionam para mim desta maneira ou não. Sei muito bem que isso seria algo excepcional e parece sempre haver uma louca presunção ao admitirmos que podemos ser uma exceção. Mas o caráter excepcional pode muito bem proceder não de uma superioridade, mas de uma inferioridade com relação aos outros. Acredito que este seria o meu caso.

Mesmo assim, como eu lhe disse, não me vejo atualmente capaz, em nenhum caso, de um verdadeiro contato com os sacramentos, mas apenas capaz do pressentimento de que tal contato é possível. De maneira ainda mais forte, atualmente não posso realmente saber qual tipo de relação com os sacramentos me convém.

Há momentos nos quais sou tentada a me colocar em suas mãos e pedir-lhe que decida por mim. Mas, no final das contas, eu não posso fazer isso. Não tenho esse direito.

Creio que nas coisas muito importantes nós não ultrapassamos os obstáculos. Nós os olhamos fixamente, o tempo que for necessário, até que, caso eles procedam dos poderes da ilusão, eles desaparecerão. O que eu chamo de obstáculo é uma coisa diferente do tipo de inércia que é preciso sobrepujar a cada passo que fazemos na direção do bem. Tenho a experiência dessa inércia. Os obstáculos são algo completamente diferente. Se quisermos ultrapassá-los antes de eles terem desaparecido, corremos o risco de vivenciarmos o fenômeno da compensação à qual faz alusão, eu creio, a passagem do Evangelho sobre o homem que foi libertado de um demônio, mas que em seguida voltaram para ele sete demônios.

O simples pensamento de que eu poderia ter, no caso de ser batizada em disposições que não fossem convenientes, consequentemente, mesmo por um único instante, um único movimento interior de arrependimento, esse pensamento me enche de horror. Mesmo que eu tivesse a certeza de que o batismo fosse a condição absoluta da salvação, eu não iria querer, em vista da minha salvação, correr esse risco. Eu escolheria me abster enquanto não tivesse a convicção de não estar correndo esse risco. Temos uma tal convicção apenas quando pensamos agir por obediência. Apenas a obediência é invulnerável ao tempo.

Se tivesse minha salvação eterna colocada diante de mim sobre esta mesa, e se apenas bastasse esticar a mão para obtê-la, eu só estenderia a mão se tivesse pensado ter recebido ordem para isso. Ao menos eu gosto de pensar que é assim que as coisas se passariam. E se, ao invés da minha salvação, fosse a salvação eterna de todos os seres humanos passados, presentes e por vir, eu sei que seria preciso agir da mesma forma. Aqui eu teria dificuldade. Mas se estivesse sozinha, praticamente me parece que eu não teria dificuldade alguma. Pois não desejo outra coisa senão a própria obediência em sua totalidade; ou seja, até a cruz.

No entanto, não tenho o direito de falar dessa maneira. Falando assim, eu minto. Pois se desejasse isso, eu obteria; e de fato, às vezes demoro dias e dias para realizar obrigações evidentes que eu sinto como tais, fáceis e de simples execução em si mesmas e importantes pelas suas possíveis consequências para os outros.

Mas seria longo demais e desprovido de qualquer interesse distraí-lo com minhas insignificâncias. E, sem dúvida, não seria útil. Só se fosse para impedi-lo de errar a meu respeito.

Creia sempre em minha viva gratidão. Eu acho que o senhor sabe que essa não é uma frase feita.

Simone Weil

III
Sobre a sua partida[1]

16 de abril de 1942.

Meu padre,

Salvo algum imprevisto, nós nos veremos dentro de oito dias pela última vez. Devo partir no final do mês.

Se o senhor puder arranjar as coisas de maneira que possamos falar de maneira prazerosa, como se fossem momentos de lazer, sobre a escolha dos textos, seria bom. Mas eu suponho que isso não seja possível.

Não tenho vontade alguma de partir. Partirei com angústia. Os cálculos de probabilidade que me regulam são tão incertos, que eles não me amparam de modo algum. O pensamento que me guia e que habita em mim há anos, de modo que não ouso abandoná-lo, apesar das chances de

---

1. A questão que a atormentava era a sua partida para a América que a afastaria dos perigos da ocupação iminente da zona livre. Para ela, não era uma questão de "perigo", mas de "serviço". Em Nova York, ela "deperecerá de dor" em sua impaciência de passar por Londres. Mais profundamente, ela aspira a essa missão perigosa (de sabotagem) que a fará cair no infortúnio e na morte. Ela vê ali mais do que um traço do seu caráter; ela sente uma vocação. "Estou fora da verdade; nada de humano pode me transportar; e tenho a certeza interior de que Deus não me transportará de uma outra maneira. Uma certeza do mesmo tipo da que está na raiz de uma vocação" (*Escritos de Londres*, carta a Maurice Schumann). Essa partida era para ela uma questão de consciência, na qual pressentia sua vida e sua morte engajadas; morte à qual, acima de tudo, ela não queria faltar.

realização serem fracas, está bastante próximo do projeto que o senhor teve com a grande generosidade de me ajudar há alguns meses e que não obteve sucesso.

No fundo, a principal razão que me impele é que, dada a velocidade adquirida e o concurso das circunstâncias, parece-me que a decisão de ficar seria um ato de vontade da minha parte. E meu maior desejo é perder não apenas toda vontade, mas todo ser próprio.

Tenho a impressão de que algo me diz para partir. Como tenho absoluta certeza de que isso não vem da minha sensibilidade, entrego-me a essa impressão.

Espero que esse abandono, essa entrega, mesmo que eu me engane, me conduzirá a um porto seguro.

O que chamo de porto seguro, como o senhor sabe, é a cruz. Se não pode me ser dado um dia merecer tomar parte da cruz de Cristo, ao menos a do bom ladrão. De todos os seres, com exceção de Cristo, que são mencionados no Evangelho, o bom ladrão é de longe aquele que eu mais invejo. Ter estado ao lado de Cristo e no mesmo estado durante a crucifixão me parece um privilégio muito mais invejável do que estar ao seu lado direito em sua glória.

Apesar da data estar próxima, minha decisão ainda não foi tomada em caráter totalmente irrevogável. Assim, se por acaso o senhor tiver algum conselho a me dar, este é o momento. Mas não reflita particularmente para dá-lo. O senhor tem coisas muito mais importantes nas quais pensar.

Uma vez tendo partido, parece-me pouco provável que as circunstâncias me permitam revê-lo algum dia. Quanto aos encontros eventuais em uma outra vida, o senhor sabe que eu não imagino as coisas dessa maneira. Mas, pouco importa. Basta à minha amizade saber que o senhor existe.

Não poderia deixar de pensar com uma viva angústia em todos aqueles que eu terei deixado na França e particularmente no senhor. Mas isso também não tem importância. Creio que o senhor é o tipo de pessoa que, não importa o que aconteça, jamais poderá lhe acontecer mal algum.

A distância não impedirá que a dívida que eu tenho para com o senhor aumente com o tempo, a cada dia. Pois ela não me impedirá de pensar no senhor. E é impossível pensar no senhor sem pensar em Deus.

Acredite na minha amizade filial.

Simone Weil

P.S.: O senhor sabe que para mim, nesta partida, trata-se de algo completamente diferente do que fugir dos sofrimentos e dos perigos. Minha angústia vem precisamente do medo de fazer, ao partir, apesar de mim e à minha revelia, aquilo que eu gostaria acima de tudo não fazer – ou seja, fugir. Até agora, vivemos aqui tranquilamente. Se essa tranquilidade desaparecer precisamente após a minha partida, isso seria horrível para mim. Se tivesse a certeza de que as coisas devem seguir esse rumo, creio que eu ficaria. Se o senhor souber de coisas que permitam prever os acontecimentos, conto com o senhor para me comunicá-las.

Cartas de adeus

IV
Autobiografia espiritual

A ler; para começar (*P.S.*)

Esta carta é assustadoramente longa – mas como não há lugar para respondê-la – sobretudo porque já terei sem dúvida partido –, o senhor tem anos diante de si, se assim o quiser, para tomar conhecimento dela. Tome conhecimento, de qualquer modo, algum dia.

De Marselha, cerca de 15 de maio.

Meu padre,

Antes de partir, eu gostaria de falar com o senhor mais uma vez, pela última vez talvez, pois quando estiver longe, sem dúvida só poderei enviar-lhe de vez em quando notícias minhas para receber notícias suas.

Eu lhe disse que tinha uma dívida imensa para com o senhor. Quero dizer-lhe exata e honestamente em que ela consiste. Penso que se o senhor pudesse realmente compreender qual é a minha situação espiritual não lamentaria de modo algum não ter me levado ao batismo. Mas não sei se isso é possível para o senhor.

O senhor não me trouxe a inspiração cristã em Cristo, pois quando eu o encontrei isso não estava mais por fazer; já tinha sido feito sem a intermediação de nenhum ser humano. Se assim não fosse, se eu já não tivesse sido arrebatada por Cristo, não apenas implícita, mas conscientemente, o senhor nada teria me dado, pois eu nada teria recebido do senhor. Minha amizade pelo senhor teria sido uma razão para mim de recusar sua mensagem, pois eu teria tido medo das possibilidades de erro e de ilusão implicadas por uma influência humana no campo das coisas divinas.

Posso dizer que em toda a minha vida jamais, em momento algum, busquei Deus. Por essa razão talvez, sem dúvida subjetiva demais, essa é uma expressão que eu não gosto e que me parece falsa. Desde a adolescência eu achava que o problema de Deus é um problema cujos dados estão faltando aqui embaixo e que o único método eficiente para evitar resolvê-lo de maneira errada, o que me parecia ser o maior mal possível era não perguntando. Dessa maneira eu não perguntei. Eu não afirmava nem negava. Parecia-me inútil resolver esse problema, pois eu pensava que, estando neste mundo, cabe a nós adotar a melhor atitude possível para com os problemas dele, e que essa atitude não dependia da solução do problema de Deus.

Isso era verdade pelo menos para mim, pois eu jamais hesitei na escolha de uma atitude; sempre adotei como única atitude possível a atitude cristã. Por assim dizer, eu nasci, cresci e sempre permaneci na inspiração cristã. Enquanto o próprio nome de Deus não ocupava nenhum espaço nos meus pensamentos, eu lidava com os problemas deste mundo e desta vida tendo em vista o conceito cristão de maneira explícita e rigorosa, com as noções mais específicas que ele comporta. Algumas dessas noções estão presentes em mim até onde minhas lembranças alcançam. Já outras, eu sei quando, de qual maneira e sob qual forma elas se impuseram a mim.

Por exemplo, eu sempre me proibi pensar em uma vida futura, mas sempre acreditei que o instante da morte é a norma e o objetivo da vida. Eu achava que, para os que vivem como convém, é o instante em que, por uma fração infinitesimal do tempo, a verdade pura, nua, certeira e eterna entra na alma. Posso dizer que jamais desejei para mim um outro bem. Eu achava que a vida que leva a este bem não é definida apenas pela moral comum, mas que para cada um ela consiste em uma sucessão de atos e acontecimentos que lhe são rigorosamente pessoais, e tão obrigatórios que, aquele que passa ao largo não chega ao objetivo. Essa era para mim a noção da vocação. Eu via o critério das ações impostas pela vocação em um impulso essencial e manifestamente diferente daqueles que procedem da sensibilidade ou da razão. Não seguir um tal impulso, quando ele surge, mesmo que ele ordene coisas impossíveis, parecia-me o maior dos infortúnios. É dessa maneira que eu concebia a obediência, e coloquei essa concepção à prova quando entrei e permaneci na fábrica, quando me encontrei nesse estado de dor intensa e ininterrupta que lhe confessei recentemente. A mais bela vida possível sempre me pareceu ser aquela onde tudo está determinado, seja pela obrigação das circunstâncias, seja por tais impulsos e onde não há jamais lugar para escolha alguma.

Aos 14 anos eu caí em um desses desesperos sem fundo da adolescência e pensei seriamente em morrer devido à mediocridade das minhas faculdades naturais. Os dons extraordinários do meu irmão, que teve uma infância e uma juventude comparáveis às de Pascal, forçaram-me a ter consciência da minha mediocridade. Eu não lamentava os sucessos externos, mas lamentava não poder esperar ter nenhum acesso a esse reino transcendente no qual os homens autenticamente grandes entram sozinhos e onde habita a verdade. Eu preferia morrer a viver sem ela. Após meses de trevas interiores eu tive, repentinamente e para sempre, a certeza que qualquer ser humano, mesmo que as suas faculdades naturais sejam quase nulas, penetra neste reino da verdade reservada ao gênio, se ele apenas desejar a verdade e fizer perpetuamente um esforço de atenção para atingi-la. Assim, ele próprio também se tornará um gênio, mesmo que, por falta de talento, esse gênio não possa ser visível do exterior. Mais tarde, quando as dores de cabeça fizeram pesar sobre o pouco de faculdades que eu possuo uma paralisia que muito rápido eu supus ser provavelmente definitiva, essa mesma certeza me fez perseverar durante 10 anos em esforços de atenção que não tinham quase nenhuma esperança de obter algum resultado.

Sob o nome de verdade eu englobei também a beleza, a virtude e toda espécie de bem, de modo que se tratava para mim de uma concepção da relação entre a graça e o desejo. A certeza que eu recebera era a de que quando desejamos pão não recebemos pedras. Mas nessa época eu ainda não tinha lido o Evangelho.

Tanto quanto eu tinha certeza de que o desejo possui por si mesmo uma eficiência nesse campo do bem espiritual sob todas as formas, tanto eu acreditava que ele não poderia ser tão eficaz em nenhum outro campo.

Quanto ao espírito de pobreza, eu não me lembro de nenhum momento onde ele não tenha estado em mim, na medida em que, infelizmente fraco, ele era compatível com a minha imperfeição. Eu me apaixonei por São Francisco desde a primeira vez em que ouvi falar dele. Sempre acreditei e esperei que o destino me conduziria a isso um dia e me obrigaria a esse estado errante e de mendicância no qual ele entrou livremente. Eu não achava que chegaria à idade que tenho sem ter ao menos passado por ali. Tenho a mesma sensação com relação à prisão.

Tive também desde a primeira infância a noção cristã de caridade ao próximo, à qual eu dei o nome de justiça, como ela é chamada em diversas passagens do Evangelho e que é tão bela. O senhor sabe que nesse ponto, desde então, eu gravemente esmoreci diversas vezes.

O dever da aceitação da vontade de Deus, não importa qual ela possa ser, impôs-se ao meu espírito como o primeiro e o mais necessário de todos, aquele que não podemos perder sem nos desonrarmos, desde que eu o encontrei exposto em Marco Aurélio sob a forma do *amor fati* estoico.

A noção de pureza, com tudo o que essa palavra possa implicar para um cristão, tomou conta de mim aos 16 anos, após ter atravessado alguns meses de inquietações sentimentais, naturais na adolescência. Essa noção apareceu-me na contemplação de uma paisagem montanhosa, e pouco a pouco impôs-se de maneira irresistível.

É claro, eu sabia muito bem que a minha concepção de vida era cristã. É por essa razão que nunca me passou pela cabeça que eu poderia entrar no cristianismo. Eu tinha a impressão de ter nascido em seu interior. Mas acrescentar a essa concepção de vida o próprio dogma, sem ser a isso obrigada por uma evidência, teria me parecido uma falta de probidade. Ao colocar-me como um problema a questão da verdade do dogma, ou mesmo simplesmente desejar chegar a uma convicção a esse respeito, acreditei que a probidade me faltava. Tenho uma noção extremamente rigorosa sobre a probidade intelectual, a ponto de jamais ter encontrado uma pessoa a quem me parecesse faltar essa probidade em mais de um aspecto; e eu tenho medo que também falte em mim.

Abstendo-me assim do dogma, fui impedida por uma espécie de pudor de ir às igrejas, onde, no entanto, eu gostaria de estar. No entanto, tive três contatos com o catolicismo que realmente valeram a pena.

Após o meu ano trabalhando na fábrica, antes de retomar o ensino, meus pais me levaram a Portugal, e eu os deixei para ir sozinha a um vilarejo. Minha alma e meu corpo estavam, de algum modo, em pedaços. Esse contato com o infortúnio tinha matado minha juventude. Até então, eu não tinha tido a experiência da infelicidade, senão a minha própria que, sendo minha, parecia-me de pouca importância e que, aliás, não passava de um meio infortúnio, sendo biológico, e não social. Eu sabia que havia muita infelicidade no mundo, estava obcecada pelo assunto, mas jamais havia constatado isso através de um contato prolongado. Estando na fábrica, confundida aos olhos de todos e aos meus próprios olhos com a massa anônima, a infelicidade dos outros entrou na minha carne e na minha alma. Nada me separava, pois eu tinha realmente esquecido meu passado e não esperava nenhum futuro, podendo dificilmente imaginar a possibilidade de sobreviver a essas fatigas. O que eu suportei ali me marcou de maneira tão duradoura, que ainda hoje, quando um ser humano, não importa quem seja, em qualquer circunstância, me fala sem brutalidade, eu não posso deixar de ter a impressão que deve haver ali algum erro e que o erro vai, sem dúvida, infelizmente se dissipar. Recebi ali, para sempre, a marca da escravidão, como a marca feita a ferro que os romanos colocavam sobre a testa dos seus escravos mais desprezados. Desde então, passei a me ver como uma escrava.

Estando nesse estado de espírito e em um estado físico miserável, entrei naquele vilarejo português – que era, aliás, também muito miserável – sozinha, à noite, sob a lua cheia, no dia da festa do padroeiro. Era à beira-mar. As mulheres dos pescadores andavam em volta dos barcos, em procissão, carregando círios e cantando cânticos certamente muito antigos, de uma tristeza de cortar o coração.

Nada pode passar a ideia do que foi aquilo. Jamais ouvi nada tão pungente, com exceção do canto dos rebocadores do Volga. Lá eu tive de repente a certeza de que o cristianismo é por excelência a religião dos escravos, que os escravos não podem deixar de aderir ao cristianismo, e eu entre os outros.

Em 1937 passei dois dias maravilhosos em Assis. Ali, estando sozinha na pequena capela romana do século XII, de Santa Maria dos Anjos, incomparável maravilha de pureza, onde São Francisco orou frequentemente, algo de mais forte do que eu me obrigou, pela primeira vez na minha vida, a me colocar de joelhos.

Em 1938, passei dez dias em Solesmes, do Domingo de Ramos à Terça-feira de Páscoa, seguindo todos os ofícios. Tive dores de cabeça intensas; cada som me doía como se fosse um golpe; um extremo esforço de atenção me permitiu sair desta carne miserável, deixando-a sofrer sozinha, recolhida em seu canto, e encontrar uma alegria pura e perfeita na beleza inusitada do canto e das palavras. Essa experiência me permitiu por analogia melhor compreender a possibilidade de amar o amor divino através do infortúnio. É natural que no curso desses ofícios o pensamento da paixão de Cristo tenha entrado em mim de uma vez por todas.

Havia ali um jovem inglês católico que me deu pela primeira vez uma ideia da virtude sobrenatural dos sacramentos pelo brilho verdadeiramente angélico que parecia revesti-lo após ter comungado. O acaso – eu sempre prefiro dizer acaso ao invés de Providência – fez dele, para mim, um verdadeiro mensageiro. Pois ele me fez conhecer a existência desses poetas ingleses do século XVII que chamamos de metafísicos. Mais tarde, ao lê-los, descobri o poema que li para o senhor em uma tradução bem sofrível, o poema que se chama Amor[2]. Eu o decorei. Frequentemente, no momento culminante das crises violentas de dor de cabeça, eu começava a recitá-lo aplicando nele toda minha atenção e unindo-me de toda minha alma à ternura que ele encerra. Eu acreditava que o recitava apenas como um belo poema, mas, à minha revelia, essa recitação teve a virtude de uma oração. Foi durante uma dessas recitações que, como lhe escrevi, o próprio Cristo desceu e tomou conta de mim.

Em minhas racionalizações sobre a insolubilidade do problema de Deus, eu não havia previsto essa possibilidade de um contato real, de pessoa a pessoa, aqui embaixo, entre um ser humano e Deus. Eu tinha vagamente ouvido falar de coisas desse tipo, mas jamais acreditara. Nos *Fioretti*, as histórias de aparições me repeliam mais do que qualquer outra coisa, assim como os milagres no Evangelho. Aliás, nem os sentidos nem a imaginação tomaram parte nessa repentina ascendência do Cristo sobre mim; eu apenas senti através do sofrimento a presença de um amor análogo àquele que lemos no sorriso de um rosto amado.

---

2. Eis o texto deste poema em uma tradução que quiseram fazer para mim: **Amor** // O Amor me acolheu; no entanto, minha alma recuou sentindo-se culpada do pó e do pecado. / Mas o Amor clarividente, vendo-me hesitar desde minha primeira entrada, / Aproximou-se de mim, perguntando suavemente se algo me faltava. // "Um convidado, eu respondi, digno de estar aqui." / O Amor disse: "Tu serás esse convidado". / "Eu, o malvado, o ingrato? Ah, meu amado, eu não posso olhá-lo. / O Amor tomou minha mão e respondeu sorrindo: "Quem fez esses olhos senão eu?" // "É verdade, Senhor, mas eu os maculei; que minha vergonha vá ali onde ela merece estar". / "E tu não sabes, disse o Amor, que Ele tomou para si a culpa?" / "Meu amado, então eu servirei". / "É preciso sentar-se, disse o Amor, e provar minha comida". / Então eu me sentei e eu comi.

Eu jamais lera os místicos, pois nunca tinha sentido algo que me obrigasse a lê-los. Nas leituras eu também sempre me esforcei em praticar a obediência. Não existe nada mais favorável ao progresso intelectual, pois eu não leio tanto quanto no momento em que tenho fome de leitura; então eu não lcio, eu como. Deus misericordiosamente me impediu de ler os místicos para que me fosse evidente que eu não tinha fabricado esse contato absolutamente inesperado.

No entanto, mesmo assim, de certa forma eu recusei, não o meu amor, mas a minha inteligência. Pois me parecia certo, e ainda hoje em dia eu creio nisso, que jamais podemos resistir demais a Deus se o fizermos por pura preocupação com a verdade. Cristo gosta que prefiramos a verdade, pois antes de ser Cristo, Ele é a verdade. Se nos desviarmos dele para irmos rumo à verdade, não percorreremos um longo caminho sem cair em seus braços.

Depois desse episódio senti que Platão é um místico, que toda a Ilíada é banhada pela luz cristã e que Dionísio e Osíris são, de uma certa maneira, o próprio Cristo; e meu amor por ele redobrou.

Jamais me perguntei se Jesus era ou não uma encarnação de Deus; mas, de fato, eu era incapaz de pensar nele sem pensar que Ele fosse como Deus.

Na primavera de 1940, li o *Bhagavad Gita*. Coisa singular, foi lendo essas palavras maravilhosas que possuem um som tão cristão, colocadas na boca de uma encarnação de Deus, que eu senti com força que nós devemos à verdade religiosa muitas outras coisas além da adesão acordada a um belo poema, mas uma espécie de adesão categórica de maneira completamente diversa.

No entanto, eu acreditava que sequer poderia me colocar a questão do batismo. Eu sentia que não poderia honestamente abandonar meus sentimentos relativos às religiões não cristãs e a Israel – e de fato, o tempo e a meditação só os reforçaram. E eu acreditava que esse era um obstáculo absoluto. Eu não imaginava a possibilidade de que um padre pudesse até mesmo sonhar em querer me conceder o batismo. Se eu não o tivesse encontrado, eu jamais teria me colocado o problema do batismo como sendo um problema prático.

Durante todo esse progresso espiritual, eu jamais orei. Eu temia o poder de sugestão da oração, esse poder pelo qual Pascal a recomenda. O método de Pascal me parece um dos piores para chegar à fé.

O contato com o senhor não conseguiu me persuadir a orar. Pelo contrário, o perigo me parecia ainda mais temerário, pois eu tinha que desconfiar também do poder da sugestão da minha amizade pelo senhor. Ao mesmo tempo, eu estava muito incomodada por não orar e não contar-lhe. E eu sabia que não poderia contar-lhe sem induzi-lo ao erro para comigo. Naquele momento, eu não teria conseguido fazê-lo compreender.

Até setembro passado jamais tinha me acontecido de orar uma única vez que fosse, ao menos no sentido literal da palavra. Eu jamais tinha dirigido em voz alta ou mentalmente alguma palavra a Deus. Eu jamais tinha pronunciado uma oração litúrgica. Algumas vezes cheguei a recitar o *Salve Regina*, mas apenas como um belo poema.

No verão passado, estudando grego com T... estudei o *Pater*, palavra por palavra em grego. Nós tínhamos prometido um ao outro aprendê-lo de cor. Acho que ele não decorou. Eu também não, até aquele momento. Mas algumas semanas mais tarde, folheando o Evangelho, eu disse para mim mesma que, já que tinha feito essa promessa e que isso era algo bom, eu deveria fazê-lo. Eu o fiz. A doçura infinita desse texto grego me invadiu de uma tal maneira que durante alguns dias eu não consegui deixar de recitá-lo continuamente. Uma semana depois eu comecei a trabalhar na vindima. Recitava o *Pater* em grego todo dia antes do trabalho, e o repetia frequentemente quando estava na vinha.

Desde então, impus a mim mesma, como única prática, recitá-lo uma vez a cada manhã com atenção absoluta. Se durante a recitação minha atenção for distraída ou adormecer, mesmo de uma maneira infinitesimal, eu recomeço até obter, ao menos uma vez, uma atenção absolutamente pura. Às vezes, recomeço a recitá-lo mais uma vez por puro prazer, mas só faço isso quando o desejo me impele.

A virtude dessa prática é extraordinária e me surpreende a cada ocasião, pois, apesar de experimentá-la todos os dias, ela ultrapassa cada vez minha expectativa.

Às vezes, as primeiras palavras já arrancam o meu pensamento do meu corpo e o transporta a um lugar fora do espaço de onde ele não tem nem perspectiva nem ponto de vista. O espaço se abre. A infinitude do espaço ordinário da percepção é substituída por uma infinitude à segunda ou, às vezes, à terceira potência. Ao mesmo tempo, essa infinitude de infinitude se preenche de um lado ao outro de silêncio, um silêncio que não é uma ausência de som, que é o objeto de uma sensação positiva, mais positiva do que um som. Os barulhos, se houver, só chegam até mim após terem atravessado esse silêncio.

Às vezes, durante essa recitação e em outros momentos, Cristo está presente em pessoa; mas uma presença infinitamente mais real, mais pungente, mais clara e mais plena de amor do que na primeira vez em que Ele me arrebatou.

Eu jamais poderia tomar a iniciativa de lhe dizer tudo isso sem o fato de que estou partindo. E como eu parto com mais ou menos o pensamento de uma morte provável, parece-me que não tenho o direito de me calar sobre essas coisas. Pois, afinal de contas, em tudo isso, não se trata de mim. Trata-se apenas de Deus. Eu realmente não conto. Se pudéssemos supor haver erros em Deus, eu acharia que tudo isso caiu sobre mim por engano. Mas talvez Deus divirta-se em utilizar os restos, as peças com defeito, os objetos refugados. Afinal de contas, mesmo que o pão da hóstia esteja mofado, Ele se torna, de qualquer modo, o Corpo do Cristo, após ter sido consagrado pelo padre. No entanto, Ele não pode recusá-lo, ao passo que nós podemos desobedecer. Por vezes, parece-me que por ser tratada de maneira tão misericordiosa, todo pecado que eu cometo deve ser um pecado mortal. E eu os cometo incessantemente.

Eu lhe disse que o senhor é para mim, ao mesmo tempo, um pai e um irmão. Mas essas palavras só expressam uma analogia. Talvez no fundo elas correspondam apenas a um sentimento de afeto, de reconhecimento e de admiração. Pois quanto à direção espiritual de minha alma, acho que o próprio Deus a tomou em mãos desde o início e ali a conserva.

Isso não me impede de ter para com o senhor a maior dívida que eu possa ter contraído para com um ser humano. Eis exatamente em que ela consiste: uma vez o senhor me disse, no início das nossas relações, uma frase que atingiu o meu âmago. O senhor me disse: "Preste muita atenção, pois se você passar ao largo de uma grande coisa por culpa sua, isso seria uma pena".

Isso me fez perceber um novo aspecto do dever da probidade intelectual. Até então eu só o tinha concebido como algo contra a fé. Isso parece horrível, mas não é; pelo contrário. Isso acontecia porque eu sentia todo o meu amor inclinar-se para o lado da fé. Suas palavras me fizeram pensar que talvez haja em mim, à minha revelia, obstáculos impuros à fé, preconceitos, hábitos. Eu senti que após ter dito para mim mesma durante tantos anos: "Talvez tudo isso não seja verdade", eu deveria, não parar de dizê-lo para mim mesma – ainda hoje, tenho o cuidado de dizê-lo para mim mesma muito frequentemente –, mas unir a essa fórmula a fórmula contrária: "Talvez tudo isso seja verdade", e deixar que elas se alternem.

Ao mesmo tempo, ao fazer para mim da questão do batismo um problema prático, o senhor me forçou a olhar face a face, durante longo tempo, de perto, com a plenitude da atenção, a fé, os dogmas e os sacramentos como coisas para com as quais eu tinha obrigações que me era preciso discernir e realizar. Eu jamais o teria feito de outra maneira, e isso me era indispensável.

Mas o maior benefício que o senhor fez para mim foi de outra ordem. Ao apoderar-se da minha amizade através da sua caridade, que eu jamais encontrei nenhuma igual, o senhor me forneceu a fonte de inspiração mais poderosa e mais pura que alguém poderia encontrar nas coisas humanas. Pois nada dentre as coisas humanas é tão poderoso, para manter o olhar sempre voltado cada vez mais intensamente sobre Deus, do que a amizade pelos amigos de Deus.

Nada me faz melhor medir a extensão da sua caridade do que o fato de o senhor ter me tolerado tanto tempo e com tanta doçura. Eu pareço estar sendo irônica, mas não é o caso. É verdade que o senhor não tem os mesmos motivos que eu (aquilo sobre o qual eu lhe escrevi há alguns dias) para sentir ódio e repulsa por mim. Mas, no entanto, sua paciência para comigo parece só poder vir de uma generosidade sobrenatural.

Não pude deixar de causar-lhe a maior decepção que estava ao meu alcance. Mas até agora, apesar de ter me colocado frequentemente essa questão durante a oração, durante a missa ou à luz do brilho que continua na alma após a missa, eu jamais tive, nem mesmo uma vez, nem mesmo um segundo, a sensação de que Deus me quer na Igreja. Eu nunca tive, sequer uma vez, uma sensação de incerteza. Eu creio que no momento podemos, enfim, chegar à conclusão de que Deus não me quer na Igreja. Não tenha, portanto, nenhum arrependimento.

Ele não quer isso, pelo menos até agora. Mas, salvo engano, parece-me que sua vontade é que eu permaneça fora da Igreja no futuro também, com exceção, talvez, do momento da morte. No entanto, estou sempre pronta a obedecer a qualquer ordem, não importa qual seja. Obedecerei com alegria à ordem de ir ao próprio meio do inferno e ali permanecer eternamente. Não quero dizer, é claro, que prefiro ordens desse tipo. Não tenho esse tipo de perversidade.

O cristianismo deve conter em si todas as vocações sem exceção, já que ele é católico. Consequentemente, a Igreja também. Mas aos meus olhos, o cristianismo é católico de direito, e não de fato. Tantas coisas estão fora dele, tantas coisas que eu amo e não quero abandonar, tantas coisas que Deus ama, pois de outro modo elas seriam sem existência – toda a imensa extensão dos séculos passados, exceto os últimos 20 anos [sic]; todos os países habitados pelas raças de cor; toda a vida profana nos países de raça branca; na história desses países, todas as tradições acusadas de heresia, como a tradição maniqueísta e albigense; todas as coisas oriundas do Renascimento, degradadas com demasiada frequência, mas de modo algum sem valor.

Já que o cristianismo é católico de direito, e não de fato, vejo como legítimo da minha parte ser membro da Igreja de direito, e não de fato, não apenas durante um tempo, mas, se esse for o caso, durante toda a minha vida.

Mas não é apenas legítimo. Enquanto Deus não me der a certeza de que ordena o contrário, eu acho que é para mim um dever.

Acredito, e o senhor também, que a obrigação dos dois ou três próximos anos, obrigação tão estrita que praticamente não podemos deixar de fazê-lo sem estarmos cometendo um ato de traição, é mostrar ao público a possibilidade de um cristianismo verdadeiramente encarnado. Jamais, em toda a história atualmente conhecida, houve uma época em que as almas tenham estado tanto em perigo, em todo o globo terrestre, quanto hoje. É preciso novamente elevar a serpente de bronze para que qualquer um que pouse o olhar sobre ela seja salvo.

Mas tudo está tão ligado a tudo, que o cristianismo só pode estar verdadeiramente encarnado se ele for católico, no sentido que acabo de definir. Como ele poderia circular através de toda a carne das nações da Europa se ele não contivesse em si mesmo tudo, absolutamente tudo? Com exceção da mentira, é claro. Mas em tudo aquilo que é, durante a maior parte do tempo, há mais verdade do que mentira.

Tendo um sentimento tão intenso, tão doloroso dessa urgência, eu trairia a verdade, ou seja, o aspecto da verdade que eu percebo, se deixasse o ponto em que me encontro desde o nascimento, na interseção entre o cristianismo e tudo aquilo que não é ele.

Sempre permaneci nesse ponto preciso, no limiar da Igreja, sem mexer, imóvel – *em grego no texto* (é uma palavra tão mais bonita do que *patientia*!); apenas agora o meu coração foi transportado, para sempre, eu espero, ao Santo Sacramento exposto sobre o altar.

O senhor pode perceber que estou bem longe dos pensamentos que H... me atribuía com muito boas intenções. Também estou longe de provar algum tormento.

Se sinto tristeza, isso vem primeiro da tristeza permanente que o destino imprimiu para sempre em minha sensibilidade à qual as maiores alegrias, as mais puras, podem apenas se sobrepor, e isso ao preço de um esforço de atenção; em seguida, dos meus miseráveis e contínuos pecados; logo depois, de todos os infortúnios dessa época e de todos aqueles de todos os séculos passados.

Acho que o senhor deve compreender que sempre lhe resisti; se, no entanto, sendo padre, o senhor puder admitir que uma vocação autêntica pode ser impedimento para entrar na Igreja.

De outro modo, haverá uma barreira de incompreensão entre nós; o erro será da minha parte ou da sua. Isso me entristecerá do ponto de vista da minha amizade pelo senhor, pois nesse caso, para o senhor, o balanço dos esforços e dos desejos provocados por sua caridade para comigo seria uma decepção. E apesar de não ser minha culpa, eu não poderei deixar de me acusar de ingratidão. Pois, mais uma vez, minha dívida para com o senhor ultrapassa qualquer medida.

Eu gostaria de chamar sua atenção sobre um ponto: há um obstáculo absolutamente intransponível à encarnação do cristianismo. É o uso das duas palavrinhas *anathema sit*. Não a sua existência, mas o uso que foi feito delas até aqui. Isso também me impede de transpor o limiar da Igreja. Eu permaneço ao lado de todas as coisas que não podem entrar na Igreja; esse receptáculo universal, por causa dessas duas palavrinhas. Eu permaneço ainda mais ao lado delas porque minha inteligência faz parte desse número de coisas que não podem entrar na Igreja.

A encarnação do cristianismo implica uma solução harmônica do problema das relações entre indivíduos e coletividade. Harmonia no sentido pitagórico; equilíbrio justo dos contrários. Precisamente hoje em dia, essa solução é aquilo de que os homens têm sede.

A situação da inteligência é a pedra de toque dessa harmonia, pois a inteligência é coisa especificamente, rigorosamente, individual. Essa harmonia existe em todo lugar onde a inteligência, permanecendo em seu lugar, joga sem entraves e preenche a plenitude da sua função. É o que diz admiravelmente São Tomé sobre todas as partes da alma do Cristo, a respeito da sua sensibilidade à dor durante a crucifixão.

É próprio da função da inteligência exigir uma liberdade total, implicando o direito de tudo negar e nada dominar. Em qualquer lugar onde ela usurpar um mandamento, haverá ali um excesso de individualismo. Onde quer que ela se sinta pouco à vontade, haverá uma coletividade opressora, ou várias.

A Igreja e o Estado devem puni-la, cada um à sua própria maneira, quando ela aconselhar atos que eles desaprovam. Quando ela permanece no campo da especulação puramente teórica, eles ainda têm o dever, se for o caso, de acautelar o público, por todos os meios eficazes, contra o perigo de uma influência prática de certas especulações na conduta da vida. Mas quaisquer que sejam as especulações teóricas, a Igreja e o Estado não têm o direito nem de buscar abafá-los, nem de infligir a seus autores algum dano material ou moral. Principalmente, não devemos privá-los dos sacramentos se eles o desejarem. Pois, não importa o que eles tenham dito, eles teriam de todo modo publicamente negado a existência de Deus e talvez não tenham cometido nenhum pecado. Nesse caso, a Igreja deve declarar que eles estão no erro, mas não exigir deles qualquer coisa que se assemelhe a um desmentido daquilo que eles disseram, nem privá-los do Pão da Vida.

Uma coletividade é guardiã do dogma; e o dogma é um objeto de contemplação para o amor, a fé e a inteligência; três faculdades estritamente individuais. Surge daí um mal-estar do indivíduo no cristianismo, quase desde a origem, e sobretudo um mal-estar da inteligência. Não podemos negá-lo.

Se o próprio Cristo, que é a própria Verdade, falasse diante de uma assembleia – por exemplo, um concílio –, Ele não utilizaria a linguagem que usava em conversas privadas com seus amigos bem-amados, e, sem dúvida, ao confrontar as frases, nós poderíamos, plausivelmente, acusá-lo de contradição e mentira. Pois por uma dessas leis da natureza que o próprio Deus respeita, pelo fato de que Ele as quer por toda a eternidade, há duas linguagens completamente distintas, mesmo quando compostas pelas mesmas palavras: a linguagem coletiva e a linguagem individual. O Consolador que o Cristo nos envia, o Espírito da Verdade, fala, de acordo com a ocasião, uma ou outra língua, e por necessidade da natureza não há concordância.

Quando os autênticos amigos de Deus – tenho a sensação de que Mestre Eckhart deve ter sido um deles – repetem as palavras que eles ouviram em segredo, no silêncio, durante a união do amor e elas estão em desacordo com o ensinamento da Igreja, é simplesmente porque a linguagem da praça pública não é a mesma que a câmara nupcial.

Todo mundo sabe que só há conversa realmente íntima entre duas ou três pessoas. Basta sermos cinco ou seis que a linguagem coletiva começa a dominar. É por isso que, quando aplicamos à Igreja a palavra "Em qualquer lugar onde dois ou três entre vós estiverdes reunidos em meu nome, eu estarei entre eles", cometemos um total contrassenso. Cristo não disse duzentos ou cinquenta ou dez. Ele disse dois ou três. Ele disse exatamente que é sempre em três, na intimidade de uma amizade cristã, a intimidade do *tête-à-tête*.

Cristo fez promessas à Igreja, mas nenhuma dessas promessas tem a força da expressão: "Vosso Pai que está no segredo". A palavra de Deus é a palavra secreta. Aquele que não ouviu essa palavra, mesmo se ele aderir a todos os dogmas ensinados pela Igreja, não tem contato com a verdade.

A função da Igreja como conservadora coletiva do dogma é indispensável. Ela tem o direito e o dever de punir com a privação dos sacramentos qualquer um que a atacar expressamente no campo específico dessa função.

Assim, apesar de eu ignorar quase tudo sobre esse assunto, estou inclinada a acreditar, provisoriamente, que ela teve razão ao punir Lutero.

Mas ela comete um abuso de poder quando pretende obrigar o amor e a inteligência a utilizarem sua linguagem como norma. Esse abuso de poder não procede de Deus, ele vem da tendência natural de toda a coletividade, sem exceção, aos abusos de poder.

A imagem do corpo místico de Cristo é muito sedutora. Mas eu vejo a importância que damos hoje em dia a essa imagem como um dos sinais mais graves da nossa decadência. Pois nossa verdadeira dignidade não é sermos as partes de um corpo, mesmo místico, mesmo sendo o corpo de Cristo. Ela consiste no seguinte: que no estado de perfeição, que é a vocação de cada um de nós, não vivemos mais em nós mesmos; é Cristo que vive em nós. De modo que através desse estado, Cristo, em sua integridade, em sua unidade indivisível, torna-se, em um sentido, cada um de nós, da mesma maneira como Ele está inteiro em cada hóstia. As hóstias não são partes do seu corpo.

Essa importância atual da imagem do corpo místico mostra quanto os cristãos são deploravelmente penetráveis às influências externas. Certamente, há uma viva embriaguez em ser membro do Corpo místico de Cristo. Mas hoje em dia muitos outros corpos místicos, que não têm Cristo como cabeça, arranjam para os seus membros uma embriaguez que é, na minha opinião, da mesma natureza.

É doce para mim, contanto que seja por obediência, ser privada da alegria de fazer parte do corpo místico de Cristo. Pois se Deus quiser realmente me ajudar, eu testemunharei que sem essa alegria podemos, contudo, ser fiéis a Cristo até a morte. Os sentimentos sociais têm hoje tal poder, eles se elevam tão bem ao supremo grau de heroísmo no sofrimento e na morte, que eu acho que é bom que certas ovelhas permaneçam fora do curral para dar testemunho de que o amor de Cristo é essencialmente uma coisa completamente diferente.

A Igreja hoje em dia defende a causa dos direitos imprescindíveis do indivíduo contra a opressão coletiva, da liberdade de pensar contra a tirania. Mas essas são causas que abraçam de bom grado aqueles que momentaneamente acham que não são os mais fortes. É o seu único meio de voltar a ser, talvez um dia, o mais forte. Isso é bem conhecido.

Talvez essa ideia o ofenda. Mas o senhor estaria enganado. O senhor não é a Igreja. Durante os períodos dos mais atrozes abusos de poder cometidos pela Igreja, deveria haver um grande número de padres como o senhor. Sua boa-fé não é uma garantia, mesmo ela sendo comum a toda sua Ordem, o senhor não pode prever como as coisas vão se desdobrar.

Para que a atitude atual da Igreja seja eficaz e penetre verdadeiramente como uma cunha na existência social, seria preciso que ela dissesse abertamente que mudou ou quer mudar. De outra maneira, quem poderia levá-la a sério ao lembrar-se da Inquisição? Desculpe-me por falar da Inquisição; é uma evocação que a minha amizade pelo senhor e que através do senhor se estende à sua Ordem, torna muito dolorosa. Mas ela existiu. Após a queda do Império Romano, que era totalitário, foi a Igreja que primeiro estabeleceu na Europa, no século XIII, após a Guerra dos Albigenses, um esboço de totalitarismo. Essa árvore deu vários frutos.

E o resultado desse totalitarismo é o uso dessas duas palavrinhas: *anathema sit*. Aliás, foi através de uma judiciosa transposição desse costume que foram forjados todos os partidos que fundaram os regimes totalitários nos nossos dias. É um ponto da história que eu estudei em particular.

Devo lhe passar a impressão de um orgulho luciferiano falando dessa maneira de coisas que são elevadas demais para mim e para as quais eu não tenho o direito de compreender coisa alguma. Não é culpa minha. As ideias vêm se pousar em mim por engano; em seguida, ao reconhecer seu erro, querem absolutamente sair. Não sei de onde elas vêm nem qual o seu valor; mas, por via das dúvidas, não acredito ter o direito de impedir essa operação.

Adeus. Eu lhe desejo todos os bens possíveis, com exceção da cruz; pois não amo o meu próximo como a mim mesma, em particular o senhor, como o senhor já percebeu. Mas o Cristo concedeu ao seu amigo bem-amado e sem dúvida a todos da sua linhagem espiritual, de ir até Ele não através da degradação, da imundície e do desespero, mas em uma alegria, uma pureza e uma doçura ininterruptas. É por essa razão que eu posso me permitir desejar que, mesmo que o senhor tenha um dia a honra de morrer pelo Senhor uma morte violenta, que isso aconteça na alegria e sem nenhuma angústia; e que apenas três das beatitudes (*mites, mundo, corde, pacifici*) sejam aplicadas ao senhor. Todas as outras encerram sofrimento; algumas mais, outras menos.

Esse voto não é apenas devido à fraqueza da amizade humana. Por qualquer ser humano tomado em particular, eu sempre encontro razões para chegar à conclusão de que o infortúnio não lhe convém, seja porque ele me parece medíocre demais para uma coisa tão grande, ou, pelo contrário, precioso demais para ser destruído. Seria a maneira mais grave possível de negligenciarmos o segundo dos dez mandamentos essenciais. E quanto ao primeiro, eu o negligencio de uma maneira ainda mais horrível, pois todas as vezes em que penso na crucifixão do Cristo, cometo o pecado da inveja.

Acredite, mais do que nunca e para sempre, em minha amizade filial e ternamente agradecida.

Simone Weil

V
Sua vocação intelectual

De Casablanca.

Querida S.,

Eu lhe envio quatro coisas.

Primeiro, uma carta pessoal para o Padre Perrin. Ela é muito longa e não há nada nela que não possa aguardar indefinidamente. Não a envie; entregue-a quando você o vir e diga-lhe para lê-la apenas no dia em que ele estiver livre e tiver liberdade de espírito.

Em segundo lugar (em um envelope fechado, para maior comodidade, mas você o abrirá, assim como os dois outros), o comentário dos textos pitagóricos, que eu não tive tempo para acabar, mas que devem ser incluídos ao trabalho que eu lhe deixei ao partir. Isso será fácil, pois eles estão numerados. Estão horrivelmente malredigidos e malcompostos; certamente são difíceis de serem seguidos no caso de a leitura ser feita em voz alta, e longos demais para serem transcritos. Mas só posso enviá-los dessa maneira.

Diga ao Padre Perrin que, finalmente, como eu lhe disse de início, desejo que todo o conjunto deste trabalho seja confiado, no fim das contas, à guarda de Thibon e acrescentados aos meus cadernos. Mas que o Padre Perrin o conserve enquanto achar que talvez ainda possa extrair uma gota de suco para seu próprio uso. Que ele os mostre também a quem ele julgar que deve vê-los. Eu lhe lego isso em toda propriedade, sem reservas. Tenho medo apenas que, com exceção dos próprios textos gregos, esse seja um presente sem valor. Mas não tenho mais nada.

Em terceiro lugar, juntei a cópia de uma tradução de um fragmento de Sófocles que encontrei entre meus papéis. É o diálogo inteiro entre Electra e Orestes, do qual transcrevi apenas alguns versos no trabalho que está com você. Ao copiá-los, cada palavra teve no próprio centro do meu ser uma ressonância tão profunda e tão secreta, que a interpretação que assimila Electra à alma humana e Orestes a Cristo é quase tão evidente para mim como se eu própria tivesse escrito esses versos. Diga isso também ao Padre Perrin. Ao ler esse texto, ele compreenderá.

Leia para ele também o texto que se segue; eu espero do fundo do coração que isso não o incomodará.

Ao concluir o trabalho sobre os pitagóricos, senti de uma maneira – tanto quanto um ser humano tem o direito de empregar essas duas palavras – definitiva e certeira, que a minha vocação me impõe permanecer fora da Igreja, ainda que sem nenhuma espécie de engajamento mesmo implícito para com ela nem para com o dogma cristão; em todo caso, tanto tempo que eu não seria incapaz de trabalho intelectual. E faço isso para o serviço de Deus e da fé cristã no campo da inteligência. O grau de probidade intelectual que é obrigatório para mim, em razão da minha própria vocação, exige que o meu pensamento seja indiferente a todas as ideias, sem exceções; inclusive, por exemplo, ao materialismo e ao ateísmo, e que seja igualmente acolhedor e igualmente reservado para com todas. Do mesmo modo, a água é indiferente aos objetos que caem nela; ela não os pesa; são eles que ficam pesados depois de um certo tempo de oscilação.

Sei que não sou realmente assim, isso seria bom demais; mas tenho a obrigação de ser assim; e não poderia de modo algum ser assim se estivesse na Igreja. Em meu caso particular, para ser engendrada a partir da água e do espírito, devo me abster da água visível.

Não que eu sinta a capacidade da criação intelectual. Mas sinto as obrigações que têm relação com tal criação. Não é culpa minha, não posso deixar de sentir isso. Mais ninguém além de mim poderia apreciar essas obrigações. As condições da criação intelectual ou artística são uma coisa tão íntima e secreta, que ninguém pode ali penetrar vindo do exterior; eu sei que os artistas desculpam suas más ações dessa maneira. Mas trata-se de algo completamente diferente para mim.

Essa indiferença do pensamento no nível da inteligência não é de maneira alguma incompatível com o amor de Deus e mesmo com um voto de amor interiormente renovado a cada segundo de cada dia, cada vez eterno e cada vez inteiramente intacto e novo. Eu seria assim se fosse o que deveria ser.

Essa parece uma posição de equilíbrio instável, mas a fidelidade cuja graça eu espero que não me seja recusada por Deus, permite ali permanecer indefinidamente sem mexer – em grego no texto (*en hupomonè*).

É para o serviço do Cristo enquanto Verdade que me privo de tomar parte da sua Carne da maneira como Ele instituiu. Ele me priva dela, mais exatamente, porque até agora eu jamais tive a impressão de ter uma escolha, por um segundo que fosse. Tenho tanta certeza que um ser humano tem o direito de ser que, desse modo, sou privada da Comunhão por toda a minha vida; com exceção, talvez – apenas talvez – no caso em que as circunstâncias me tirassem definitivamente e totalmente a possibilidade do trabalho intelectual.

Se isso magoar o Padre Perrin, posso apenas desejar que ele me esqueça rapidamente; pois eu preferiria infinitamente não ocupar parte dos seus pensamentos do que ser causa do menor sofrimento para ele, com a exceção, no entanto, de ele poder tirar daí algum proveito.

Voltando à minha lista, eu lhe envio também o papel sobre a utilização espiritual dos estudos escolares que levei por engano. Ele também é destinado ao Padre Perrin, em razão das suas relações indiretas com os jecistas[3] de Montpellier. De resto, que ele faça o que quiser.

Deixa-me agradecer-lhe do fundo do coração por sua gentileza para comigo. Eu pensarei frequentemente em você. Espero que possamos receber de tempos em tempos notícias uma da outra; mas não tenho certeza.

Com amizade,

Simone Weil

---

3. Membro da Juventude Estudantil Católica (Jeunesse Étudiante Chrétienne – JEC) [N.T.].

VI
Últimos pensamentos

26 de maio de 1942 (de Casablanca).

Meu padre,

Foi um bom ato de bondade da sua parte ter me escrito de qualquer modo. Foi-me precioso receber algumas palavras afetuosas do senhor no momento da partida.

O senhor citou esplêndidas palavras de São Paulo. Mas espero que ao confessar-lhe minha miséria, eu não tenha lhe dado a impressão de conhecer mal a misericórdia de Deus. Espero não ter caído e jamais cair nesse nível de covardia e ingratidão. Não preciso de nenhuma esperança, de nenhuma promessa para crer que Deus é rico em misericórdia. Conheço essa riqueza com a certeza da experiência, eu a toquei. O que conheço pelo contato ultrapassa tanto a minha capacidade de compreensão e de gratidão, que até mesmo a promessa de felicidades futuras nada poderia acrescentar para mim; da mesma maneira que, para a inteligência humana, a adição de dois infinitos não é uma adição.

A misericórdia de Deus se manifesta tanto no infortúnio quanto na alegria, com o mesmo peso, ainda mais talvez, pois sob essa forma ela não tem nenhum análogo humano. A misericórdia do homem só aparece no dom da alegria ou quando é infligida uma dor de rápidos efeitos exteriores, na cura do corpo ou na educação. Mas não são os efeitos exteriores do infortúnio que dão testemunho da misericórdia divina. Os efeitos exteriores do verdadeiro infortúnio são quase sempre ruins. Quando queremos dissimulá-los, estamos mentindo. É no próprio infortúnio que resplandece a misericórdia de Deus, bem no fundo, no centro da sua amargura inconsolável. Se cairmos perseverando no amor até o ponto onde a alma não pode mais segurar o grito "Meu Deus, por que me abandonastes", se permanecermos nesse ponto sem deixar de amar, acabamos por tocar algo que não é mais o infortúnio, que não é a alegria, que é a essência central, essencial, pura, não sensível, comum à alegria e ao sofrimento e que é o próprio amor de Deus.

Saberemos, então, que a alegria é a doçura do contato com o amor de Deus, que o infortúnio é a ferida desse mesmo contato quando ele é doloroso e que só o próprio contato importa, não a modalidade.

Da mesma maneira, ao revermos um ente muito querido após uma longa ausência, as palavras que trocaremos com ele não têm importância, mas apenas o som da sua voz que nos confirma a sua presença.

O conhecimento dessa presença de Deus não consola, não tira nada da horrenda amargura do infortúnio, não cura a mutilação da alma. Mas sabemos de maneira acurada que o amor de Deus por nós é a própria substância desse amargor e dessa mutilação.

Eu gostaria, por gratidão, ser capaz de deixar meu testemunho.

O poeta de *A ilíada* amou a Deus o suficiente para ter essa capacidade. Pois esse é o significado implícito do poema e a única fonte da sua beleza. Mas ele ainda não foi compreendido.

De todo modo, não haveria nada a mais para nós além da vida aqui embaixo, de todo modo o instante da morte não nos traria nada de novo, a superabundância infinita da misericórdia divina já está secretamente presente aqui embaixo, totalmente inteira.

Se, por uma hipótese absurda, eu morresse sem jamais ter cometido alguma falta grave e caísse, no entanto, no momento da minha morte, nos quintos dos infernos, eu deveria, de qualquer modo, uma gratidão infinita à sua infinita misericórdia pela minha vida terrestre, apesar de eu ser um objeto tão malsucedido. Mesmo nessa hipótese, eu pensaria, de qualquer maneira, ter recebido toda a minha parte na riqueza da misericórdia divina. Pois aqui embaixo nós recebemos a capacidade de amar a Deus e de representá-lo, com toda certeza, como tendo por substância a alegria real, eterna, perfeita e infinita. Através dos véus da carne, nós recebemos do alto pressentimentos de eternidade suficientes para apagar todas as dores.

O que pedir, o que mais desejar? Uma mãe, um amante, que tem a certeza que o seu filho, que o seu amante está na alegria, não teria em seu coração um pensamento capaz de pedir ou desejar qualquer outra coisa. Nós temos muito mais. O que nós amamos é a própria alegria perfeita. Quando temos consciência disso, a própria esperança torna-se inútil, ela não faz mais sentido. A única coisa que resta a esperar é a graça de não desobedecer aqui embaixo. O resto é assunto que diz respeito apenas a Deus, e não a nós.

É por essa razão que, apesar da minha imaginação, mutilada por um sofrimento ininterrupto e longo demais de que eu não possa receber o pensamento da salvação como algo possível para mim, nada me falta. O que o senhor diz a esse respeito só pode ter sobre mim o efeito de me persuadir de que o senhor realmente sente por mim alguma amizade. Com relação a esse assunto, sua carta me foi muito preciosa. Ela não pôde acarretar outra coisa em mim. Mas não foi necessário.

Eu conheço o suficiente a minha miserável fraqueza para supor que um pouco de fortuna contrária bastaria, talvez, para preencher minha alma de sofrimento a ponto de não deixar, durante muito tempo, nenhum lugar para os pensamentos que eu acabo de expressar. Mas isso tem pouca importância. A certeza não está submetida aos estados da alma. A certeza está sempre em perfeita segurança.

Há somente uma ocasião na qual realmente não tenho mais certeza de nada. É no contato com o infortúnio de outra pessoa, os indiferentes e os desconhecidos também, talvez até mais, incluídos aí aqueles que viveram nos mais longínquos séculos passados. Esse contato me faz um mal tão atroz, me despedaça tanto a alma de um lado a outro, que o amor de Deus torna-se quase impossível durante algum tempo. Falta muito pouco para que eu não diga impossível. A tal ponto isso me inquieta e atormenta. Fico um pouco mais tranquila quando lembro que o Cristo chorou ao prever os horrores do saque de Jerusalém. Espero que Ele perdoe à compaixão.

O senhor me fez mal ao escrever que o dia do meu batismo será para o senhor uma grande alegria. Após tanto ter recebido, está assim em meu poder lhe dar uma grande alegria; e, no entanto, não me vem, nem por um segundo, o pensamento de fazê-lo. Nada posso fazer contra isso. Acredito realmente que apenas Deus tenha sobre mim o poder de me impedir de dar-lhe alguma alegria.

Mesmo se considerar apenas o plano das relações puramente humanas, eu lhe devo uma gratidão infinita. Creio que, com exceção do senhor, todos os seres humanos a quem me foi permitido dar, pela minha amizade, o poder de facilmente me magoar, divertiram-se por vezes magoando-me, frequentemente ou raramente, consciente ou inconscientemente, mas todos em algum momento. Ali onde eu reconhecia que era consciente, eu pegava uma faca e cortava a amizade, sem aliás prevenir o interessado.

Eles não se conduziram dessa maneira por maldade, mas por efeito do fenômeno bem conhecido que faz com que as galinhas, ao verem uma galinha ferida entre elas, jogam-se sobre ela dando bicadas.

Todos os homens carregam em si essa natureza animal. Ela determina a sua atitude para com seus semelhantes, com ou sem o seu conhecimento e a sua adesão. Assim, por vezes, sem que o pensamento se dê conta, a natureza animal em um homem sente a mutilação da natureza animal em um outro e reage em resposta. O mesmo acontece em todas as situações possíveis e nas reações animais correspondentes. Essa necessidade mecânica toma conta de todos os homens em todos os momentos; eles só conseguem escapar dessa reação de maneira proporcional ao lugar que o sobrenatural autêntico ocupa em suas almas.

O discernimento, mesmo parcial, é muito difícil nessa matéria. Mas se fosse realmente possível, teríamos ali um critério vindo por parte do sobrenatural na vida de uma alma, critério preciso, exato como uma balança, e completamente independente de todas as crenças religiosas. É isso, dentre muitas outras coisas, que Cristo indicou ao dizer: "Esses dois mandamentos são um só".

Apenas ao seu lado eu nunca fui atingida pelo contragolpe desse mecanismo. Minha situação para com o senhor é parecida à de um mendigo, reduzido pela indigência a sempre ter fome, que durante um ano foi de tempos em tempos a uma casa próspera para buscar pão e que, pela primeira vez em sua vida, não passou por nenhum tipo de humilhação. Tal mendigo, se ele tivesse uma vida a dar em troca de cada pedaço de pão, e se ele desse todas elas, acharia que a sua dívida não tinha diminuído.

Mas, ainda mais importante para mim, o fato de que com o senhor as relações humanas encerrarem perpetuamente a luz de Deus, faz com que a gratidão seja levada a um nível completamente diverso.

No entanto, não vou lhe dar nenhum testemunho dessa gratidão, além de dizer coisas a seu respeito que poderão causar-lhe uma legítima irritação para comigo. Pois não me convém de modo algum dizê-las e nem sequer pensá-las. Não tenho esse direito, e sei muito bem disso.

Mas como de fato eu as pensei, não ouso calá-las diante do senhor. Se elas forem falsas, não farão mal algum. Não é impossível que contenham alguma verdade. Nesse caso, haveria lugar para acreditar que Deus lhe envia essa verdade através da pluma que se encontra em minha mão. Há pensamentos que convém ser enviados por inspiração, outros que convém melhor ser enviados por intermédio de uma criatura, e Deus se serve de uma ou outra via com seus amigos. Todos sabem que qualquer coisa, por exemplo, uma jumenta, pode indiferentemente servir de intermediário. Talvez Deus se divirta em escolher para esse uso os objetos mais vis. Preciso me dizer essas coisas para não ter medo dos meus próprios pensamentos.

Quando coloquei por escrito um esboço da minha autobiografia espiritual, foi com uma certa intenção. Eu queria lhe dar a possibilidade de constatar um exemplo concreto e preciso da fé implícita. Preciso, pois eu sei que o senhor sabe que eu não minto.

Por engano ou por ter razão, o senhor acha que tenho direito ao nome de cristã. Afirmo que, quando falo sobre minha infância e minha juventude, eu emprego as palavras vocação, obediência, espírito de pobreza, pureza, aceitação, amor ao próximo e outras palavras semelhantes, rigorosamente com o significado que elas possuem para mim neste momento. No entanto, fui criada pelos meus pais e meu irmão em um agnosticismo completo; e jamais fiz o menor esforço para sair dele, jamais tive o menor desejo e, a meu ver, com razão. Apesar disso, desde o meu nascimento, por assim dizer, nenhuma das minhas faltas, nenhuma das minhas imperfeições, jamais teve a ignorância como desculpa. Eu deverei prestar completamente contas de todas minhas imperfeições no dia em que o Cordeiro se enraivecer.

O senhor pode acreditar também nas minhas palavras de que a Grécia, o Egito, a Índia antiga, a China antiga, a beleza do mundo, os reflexos puros e autênticos dessa beleza nas artes e na ciência, o espetáculo de dobras do coração humano em corações vazios de crença religiosa, todas essas coisas surtiram o mesmo efeito em mim para me entregar cativa a Cristo do que às coisas visivelmente cristãs. Acredito poder dizer até mais. O amor por essas coisas que estão fora do cristianismo visível me mantém fora da Igreja.

Tal destino espiritual deve lhe parecer inteligível. Mas por essa mesma razão é oportuno fazermos desse destino um objeto de reflexão. É bom refletir sobre o que nos força a sairmos de nós mesmos. Eu tinha dificuldade em pensar como é possível que o senhor tenha realmente alguma amizade por mim; mas já que aparentemente isso é verdade, ela poderia ter esse uso.

Teoricamente, o senhor admite plenamente a noção da fé implícita. Na prática também, o senhor tem uma largueza de espírito e uma probidade intelectual muito excepcionais. Mas, no entanto, no meu entender, elas são muito insuficientes. Apenas a perfeição é suficiente.

Frequentemente, estando certa ou errada, acreditei reconhecer no senhor atitudes parciais. Sobretudo uma certa repugnância em admitir o fato, em casos particulares, da possibilidade da fé implícita. Eu tive essa impressão pelo menos quando lhe falei de B... e sobretudo quando lhe falei de um camponês espanhol que percebo como alguém não muito longe da santidade. É verdade que foi, sem dúvida, sobretudo culpa minha. A falta de jeito que tenho é tão grande que, quando falo, sempre machuco aqueles que amo; vivi essa situação várias vezes. Mas me parece também que, quando alguém lhe fala sobre não crentes que estão no infortúnio e que aceitam isso como uma parte da ordem do mundo, isso não lhe causa a mesma impressão como se falássemos de cristãos e de submissão à vontade de Deus. No entanto, é a mesma coisa. Pelo menos, se realmente eu tenho o direito ao nome de cristã, sei por experiência própria que a virtude estoica e a virtude cristã são uma única e mesma virtude. A virtude estoica autêntica que é, antes de tudo, amor; não a caricatura feita por alguns brutamontes romanos. Teoricamente, parece-me que o senhor também não poderia negar esse fato. Mas o senhor repele reconhecer a possibilidade de uma eficiência sobrenatural da virtude estoica nos exemplos concretos e contemporâneos.

O senhor também me magoou muito um dia ao empregar a palavra falso quando quis dizer não ortodoxo[4]. O senhor logo se corrigiu. Em minha opinião, há aí uma confusão dos termos utilizados, incompatível com uma per-

---

4. Para Simone, a ortodoxia é todo ensinamento imposto de fora antes de poder ser assimilado: "Dizer para começar: 'a Terra gira em torno do Sol' é a noção inquisitorial da ortodoxia como *ersatz* da verdade" (*Écrits de Londres* [*Escritos de Londres*]). Para um cristão, é "ortodoxo" aquilo que é conforme ao ensinamento do Cristo.

feita probidade intelectual. É impossível que isso agrade a Cristo, que é a Verdade.

Parece-me evidente que existe no senhor uma séria imperfeição. E por que haveria no senhor a imperfeição? Não lhe convém de modo algum ser imperfeito. É como uma nota desafinada em um belo canto.

Creio que essa imperfeição vem do apego à Igreja como a uma pátria terrestre. Para o senhor, ela é realmente, ao mesmo tempo que o vínculo com a pátria celeste, uma pátria terrestre. Ali o senhor vive em uma atmosfera humanamente calorosa. Isso faz com que um pouco de apego seja quase inevitável.

Para o senhor, esse apego talvez seja o fio quase infinitamente fino mencionado por São João da Cruz que, enquanto não for rompido, liga o pássaro à terra de maneira tão eficaz quanto uma grossa corrente de metal. Eu imagino que o último fio, apesar de muito fino, deve ser o mais difícil de cortar, pois quando ele é cortado, é preciso levantar voo, e isso dá medo. Mas a obrigação também é imperiosa.

Os filhos de Deus não devem ter nenhuma outra pátria aqui embaixo além do próprio universo, com a totalidade das criaturas racionais que ele conteve, contém e conterá. Essa é a cidade natal que tem direito ao nosso amor...

As coisas menos vastas que o universo, entre as quais a Igreja, impõem obrigações que podem ser extremamente extensas, mas dentre as quais não se encontra a obrigação de amar. Ao menos, eu acredito nisso. Estou convencida também que ali não se encontra nenhuma obrigação que tenha relação com a inteligência.

Nosso amor deve ter a mesma extensão através de todo o espaço, a mesma igualdade em todas as porções do espaço, que a própria luz do sol. Cristo nos prescreveu chegar à perfeição do nosso Pai celeste imitando essa distribuição indiscriminada de luz. Nossa inteligência também deve ter essa completa imparcialidade.

Tudo que existe é sustentado igualmente na existência pelo amor criador de Deus. Os amigos de Deus devem amá-lo a ponto de confundir o seu amor com o de Deus pelas coisas daqui debaixo.

Quando uma alma alcança um amor que preenche igualmente todo o universo, esse amor torna-se uma espécie de filhote de pássaro de asas douradas que fura o ovo do mundo. Depois disso ele ama o universo não por dentro, mas por fora, do lugar onde senta a sabedoria de Deus, que é nossa irmã mais velha. Um tal amor não ama os seres e as coisas em Deus, mas de Deus. Estando ao lado de Deus, ele baixa seu olhar, confundido com o olhar de Deus, sobre todas as coisas.

É preciso ser católico, ou seja, não estar ligado nem por um fio a nada que seja criado, senão à totalidade da criação. Essa universalidade esteve outrora implícita entre os santos, mesmo em sua própria consciência. Eles podiam fazer implicitamente em sua alma uma partilha justa. De um lado, o amor devido apenas a Deus e a toda a sua criação; do outro, o amor às obrigações para com tudo o que é menor do que o universo. Eu acredito que São Francisco de Assis e São João da Cruz foram assim. Ambos também foram poetas.

É verdade que é preciso amar ao próximo, mas no exemplo dado por Cristo como ilustração desse mandamento, o próximo é um ser nu e ensanguentado, desmaiado e caído no caminho e sobre quem nada sabemos. Trata-se de um amor totalmente anônimo e, por isso mesmo, totalmente universal.

É verdade, também, que Cristo disse a seus discípulos: "Amais-vos uns aos outros". Mas aqui eu acredito que Ele está falando de amizade, uma amizade pessoal entre dois seres que deve ligar cada amigo de Deus a outro amigo. A amizade é a única exceção legítima ao dever de amar apenas de uma maneira universal. Ainda, na minha opinião, ela só é realmente pura se estiver, por assim dizer, cercada por todos os lados de um envoltório compacto de indiferença que mantém a distância.

Nós vivemos uma época sem precedentes e, na situação presente, a universalidade, que poderia outrora ser implícita, deve ser agora totalmente explícita. Ela deve impregnar a linguagem e toda a maneira de ser.

Hoje em dia, ser um santo não significa nada, é preciso ter a santidade que o momento presente exige, uma santidade nova, igualmente sem precedentes.

Maritain disse isso, mas ele apenas enumerou os aspectos da santidade de outrora que hoje em dia estão, pelo menos por enquanto, em desuso. Em contrapartida, ele não sentiu o quanto a santidade de hoje deve conter uma novidade milagrosa.

Um novo tipo de santidade é um jorro, uma invenção. Guardadas todas as proporções, mantendo cada coisa em seu nível, é quase a mesma coisa que uma nova revelação do universo e do destino humanos. É colocar a nu uma larga porção de verdade e de beleza até então dissimuladas por uma camada espessa de pó. É necessária uma genialidade maior do que a que foi necessária a Arquimedes para inventar a mecânica e a física. Uma nova santidade é uma invenção mais prodigiosa.

Apenas uma espécie de perversidade pode obrigar os amigos de Deus a se privar da genialidade, já que para receber a superabundância do gênio é necessário pedi-la ao seu Pai em nome do Cristo.

Essa é uma demanda legítima, pelo menos hoje em dia, pois é necessária. Acredito que, sob esta forma ou sob qualquer outra forma semelhante, é a primeira demanda a ser feita agora, uma demanda a ser feita todos os dias, todas as horas, assim como uma criança faminta sempre pede pão. O mundo precisa de santos que sejam geniais, assim como uma cidade tomada pela peste precisa de médicos. Ali onde há necessidade, há obrigação.

Eu própria não tenho uso para esses pensamentos e todos aqueles que os acompanham em meu espírito. Primeiro, a imperfeição considerável que eu tenho a covardia de deixar subsistir em mim coloca-me a uma distância grande demais do ponto onde eles são relevantes. Isso é imperdoável da minha parte. Uma distância tão grande, no melhor dos casos, só pode ser vencida com o tempo.

Mas, mesmo quando já a tiver vencido, eu sou um instrumento deteriorado. Estou cansada demais. E mesmo que eu acreditasse na possibilidade de obter de Deus a reparação das mutilações da natureza em mim, eu não poderia tomar a resolução de pedir-lhe isso. Mesmo que eu tivesse a certeza de obtê-la, eu não poderia. Uma tal demanda me pareceria uma ofensa ao Amor infinitamente terno que me deu o dom do infortúnio.

Se ninguém consentir em dar atenção aos pensamentos que, não sei como, pousaram em um ser tão insatisfatório quanto eu, eles serão enterrados comigo. Se, como eu acredito, eles contêm alguma verdade, isso seria uma pena. Eu os prejudico. O fato de eles se encontrarem em mim impede que se dê atenção a eles.

Eu só vejo o senhor a quem posso implorar atenção em favor desses pensamentos. Sua caridade, com a qual o senhor me preencheu, eu gostaria que ela se desviasse de mim e se dirigisse para aquilo que eu carrego dentro de mim e que vale, eu gostaria de acreditar, muito mais do que eu.

É uma grande dor para mim temer que os pensamentos que desceram em mim sejam condenados à morte pelo contágio da minha insuficiência e da minha miséria. Eu jamais consigo ler a história da figueira estéril sem estremecer. Acredito que ela seja o meu retrato. A natureza nela também era impotente e, no entanto, ela não foi desculpada. Cristo a amaldiçoou.

É por isso que, apesar de não haver na minha vida nenhuma falta realmente grave além daquelas que eu lhe confessei, eu acho que, olhando as coisas de maneira racional e fria, tenho grandes razões legítimas para temer a cólera de Deus mais do que muitos grandes criminosos.

Não é que eu realmente a tema. Através de uma estranha reviravolta, o pensamento da cólera de Deus só suscita em mim o amor. É o pensamento do favor possível de Deus, da sua misericórdia, que me causa uma espécie de temor, que me faz tremer.

Mas o sentimento de ser uma figueira estéril para Cristo despedaça o meu coração.

Felizmente, Deus pode facilmente enviar, não apenas os mesmos pensamentos, se eles forem bons, mas muitos outros, muito melhores, em um ser intacto e capaz de servi-lo.

Mas quem sabe se esses que estão em mim não estão ao menos parcialmente destinados para que o senhor dê a eles algum uso? Eles só podem ser destinados a alguém que tenha um pouco de amizade por mim, amizade verdadeira. Pois, para os outros, de algum modo, eu não existo. Eu sou da cor das folhas mortas, como certos insetos.

Se em tudo que acabo de escrever, alguma coisa sob a minha pluma lhe parecer falsa e fora do lugar, perdoe-me. Não fique irritado comigo.

Eu não sei se, ao longo das semanas e dos meses que virão, eu poderei lhe dar notícias minhas ou receber notícias do senhor. Mas essa separação só é um mal para mim e, consequentemente, não tem importância alguma.

Só posso lhe afirmar mais uma vez a minha gratidão filial e minha amizade sem limites.

Simone Weil

Ensaios

Reflexões sobre o bom uso dos estudos escolares em vista do amor a Deus

A chave para uma concepção cristã dos estudos é entender que a oração é feita de atenção. É a orientação de toda a atenção da qual a alma é capaz, voltada para Deus. Para muitos, a qualidade da atenção está na qualidade da oração. O calor do coração não pode supri-la.

Apenas a parte mais elevada da atenção entra em contato com Deus quando a oração é intensa e pura o suficiente para que um tal contato se estabeleça; mas toda a atenção está voltada para Deus.

Os exercícios escolares desenvolvem, é claro, uma parte mais elevada de atenção. De todo modo, eles são plenamente eficazes para aumentar o poder de atenção que estará disponível no momento da oração, com a condição que eles sejam executados para esse fim, e apenas para esse fim.

Apesar de hoje em dia nós parecermos ignorá-lo, a formação da faculdade da atenção é o objetivo verdadeiro e praticamente o único interesse nos estudos. A maior parte dos exercícios escolares também tem um certo interesse intrínseco; mas esse interesse é secundário. Todos os exercícios que realmente apelam ao poder da atenção são interessantes pela mesma razão e quase da mesma maneira.

Os estudantes que amam a Deus não deveriam jamais dizer: "Eu amo a matemática", "Eu amo o francês", "Eu amo o grego". Eles devem aprender a amar tudo isso porque tudo isso faz aumentar essa atenção que, orientada para Deus, é a própria substância da oração.

Não ter nem dom nem inclinação natural para a geometria não impede que se busque a solução de um problema ou o estudo de uma demonstração para desenvolver a atenção. É quase o contrário. É quase uma circunstância favorável.

Quer tenhamos êxito ou não para encontrar a solução de um problema ou para entender uma demonstração, isso tem pouca importância, contanto que realmente nos esforcemos para ter sucesso. Jamais, em hipótese alguma, nenhum esforço de atenção verdadeira estará perdido. Ele sempre é eficaz espiritualmente e, consequentemente, por extensão, também é eficaz sobre o plano inferior da inteligência, pois toda luz espiritual ilumina a inteligência.

Caso busquemos com verdadeira atenção a solução de um problema de geometria e se, ao final de uma hora não tivermos avançado mais do que no início, de todo modo nós teremos avançado durante cada minuto dessa hora em uma outra dimensão mais misteriosa. Sem sentirmos, sem que saibamos, esse esforço aparentemente estéril e sem fruto colocou mais luz na alma. O fruto será encontrado um dia, mais tarde, na oração. Ele se encontrará sem dúvida também, como complemento, em um campo qualquer da inteligência, talvez completamente estrangeiro à matemática. Talvez, um dia, aquele que fez esse esforço ineficaz será capaz de compreender de modo mais direto, devido a esse esforço, a beleza de um verso de Racine. Mas que o fruto desse esforço deva se encontrar na oração, isso é certo, não há a menor dúvida.

As certezas desta espécie são experimentais. Mas se não acreditarmos nelas antes de as termos provado, se ao menos não nos comportarmos como se acreditássemos nelas, jamais faremos a experiência que dá acesso a tais certezas. Existe aqui uma espécie de contradição. A partir de um certo nível é dessa maneira que as coisas se passam para todos os conhecimentos úteis ao progresso espiritual. Se não os adotarmos como regra de conduta antes de os termos verificado, se não aderirmos a essas regras de conduta durante bastante tempo apenas por uma questão de fé, uma fé primeiro tenebrosa e sem luz, nós jamais os transformaremos em certezas. A fé é a condição indispensável.

A melhor base para a fé é a garantia de que se pedirmos pao ao nosso Pai, Ele não dará pedras. Até mesmo fora de qualquer crença religiosa explícita, todas as vezes em que um ser humano cumprir um esforço de atenção com o único desejo de tornar-se mais apto a capturar a verdade, ele adquirirá uma aptidão maior, mesmo que o seu esforço não tenha produzido qualquer fruto visível. Um conto esquimó explica a origem da luz da seguinte maneira. "O corvo que na noite eterna não conseguia encontrar alimento, desejou a luz, e a terra se iluminou". Se realmente houver desejo, se o objeto do desejo for realmente a luz, o desejo pela luz produzirá a luz. Há realmente desejo quando há esforço de atenção. A luz é realmente desejada quando todo outro motivo que nos impulsiona a agir estiver ausente. Mesmo que os esforços de atenção permaneçam estéreis em aparência durante anos, um dia uma luz exatamente proporcional a esses esforços inundará a alma. Cada esforço acrescenta um pouco de ouro a um tesouro que nada no mundo poderá roubar. Os esforços inúteis realizados por Cura d'Ars, durante longos e dolorosos anos, para aprender latim, deram todos os seus frutos no discernimento maravilhoso pelo qual ele percebeu a própria alma dos penitentes por trás das suas palavras e até mesmo por trás do seu silêncio.

É preciso, portanto, estudar sem nenhum desejo de obter boas notas, de passar nos exames, de alcançar algum resultado escolar, sem nenhuma consideração aos gostos nem às aptidões naturais, dedicando-se de igual maneira a todos os exercícios, tendo a compreensão de que todos servem para formar essa atenção, que é a substância da oração. No momento em que nos dedicamos a um exercício é preciso querer realizá-lo corretamente, pois essa vontade é indispensável para que haja realmente esforço. Contudo, através desse objetivo imediato, a intenção profunda deve ser dirigida unicamente ao crescimento do poder de atenção em vista da oração, assim como, quando escrevemos ou desenhamos a forma das letras sobre um papel, não temos em vista a forma em si, mas a ideia a ser expressada.

Colocar nos estudos essa única intenção que exclui qualquer outra é a primeira condição para o seu bom uso espiritual. A segunda condição é forçar-se rigorosamente a olhar de frente, a contemplar com atenção, durante longo tempo, cada exercício escolar que deu errado, em toda sua feiura e mediocridade, sem buscar nenhuma desculpa, sem negligenciar nenhuma falta nem nenhuma correção do professor, tentando voltar à origem de cada erro. A tentação de fazer o contrário é grande, de jogar sobre o exercício corrigido, se este for ruim, um olhar oblíquo, e escondê-lo tão logo possível. Praticamente todos agem quase sempre assim. É preciso recusar essa tentação. Por extensão, nada é mais necessário ao sucesso escolar, pois não importa quanto esforço façamos, trabalhamos sem progredir muito quando nos repugna conceder nossa atenção aos erros cometidos e às correções dos professores.

Sobretudo a virtude da humildade, tesouro infinitamente mais precioso do que todo progresso escolar, pode ser conquistado dessa maneira. A esse respeito, a contemplação das suas próprias besteiras talvez seja até mais útil do que a contemplação do pecado. A consciência do pecado traz a sensação de que somos maus, e um certo orgulho pode encontrar ali por vezes um abrigo. Quando nos forçamos pela violência a fixar o olhar dos olhos e o da alma sobre um exercício escolar que erramos tolamente, sentimos com uma evidência irresistível que temos um Q de medíocres. Não há conhecimento mais desejável do que esse. Se conseguirmos conhecer essa verdade com toda a alma, estaremos solidamente estabelecidos na verdadeira via.

Se essas duas condições forem perfeitamente bem-preenchidas, os estudos escolares serão, sem dúvida, um caminho que nos conduzirá à santidade, tão bom quanto qualquer outro.

Para preencher a segunda basta querer. Isso não acontece de primeira. Para realmente prestar atenção é preciso saber como fazer isso.

Na maioria das vezes confundimos a atenção com uma espécie de esforço muscular. Se dissermos aos alunos: "Agora vocês vão prestar atenção", nós os veremos franzir as sobrancelhas, segurar a respiração, contrair os músculos. Se após dois minutos lhes perguntarmos em que eles prestaram atenção, eles não saberão responder. Eles não prestaram atenção em nada. Eles não prestaram atenção. Eles contraíram seus músculos.

Frequentemente dispendemos esse tipo de esforço muscular nos estudos. Como acabamos nos cansando, temos a impressão de termos trabalhado. É uma ilusão. O cansaço não tem relação alguma com o trabalho, que é um esforço útil, quer ele seja cansativo ou não. Essa espécie de esforço muscular aplicado ao estudo é completamente estéril, mesmo quando realizado com boa intenção. Essa boa intenção é, então, uma daquelas que pavimentam o inferno. Estudos levados adiante dessa maneira podem por vezes ser bons na escola, do ponto de vista das notas e das provas, mas são bons, apesar do esforço e graças aos dons naturais; tais estudos são sempre inúteis.

A vontade, que em caso de necessidade nos faz trincar os dentes e suportar o sofrimento, é a arma principal do aprendiz no trabalho manual. Mas contrariamente àquilo que normalmente acreditamos, ela não ocupa quase nenhum espaço no estudo. A inteligência só pode ser conduzida pelo desejo. Para que haja desejo é preciso que haja prazer e alegria. A inteligência só cresce e carrega frutos quando há alegria. A alegria de aprender é tão indispensável aos estudos quanto a respiração aos atletas. Ali onde ela não estiver ausente não haverá estudantes, mas pobres caricaturas de aprendizes que, ao final do seu aprendizado, não terão nem mesmo uma profissão.

O papel do desejo no estudo permite fazer dele uma preparação à via espiritual. Pois o desejo, quando é orientado para Deus, é a única força capaz de fazer a alma elevar-se. Ou melhor, somente Deus vem apoderar-se da alma e elevá-la, mas apenas o desejo obriga Deus a descer. Ele só vem para aqueles que pedem que Ele venha; e Ele não deixará de descer em direção àqueles que pedem com frequência, ardentemente, durante muito tempo.

A atenção é um esforço, talvez o maior dos esforços, mas é um esforço negativo. Por si mesmo, ela não comporta o cansaço. Quando o cansaço se faz sentir, a atenção quase não é mais possível, a menos que já estejamos bem acostumados; é melhor então abandonar-se, procurar relaxar, depois recomeçar um pouco mais tarde; desligar-se e ligar-se, assim como inspiramos e expiramos.

Vinte minutos de atenção intensa e sem cansaço valem infinitamente mais do que três horas de dedicação às sobrancelhas franzidas que fazem alguns dizerem com o sentimento do dever cumprido: "Eu trabalhei bem".

Mas, apesar das aparências, é também muito mais difícil. Há algo em nossa alma que sente repugnância à verdadeira atenção de maneira muito mais violenta do que a carne sente repugnância ao cansaço. Essa alguma coisa está muito mais próxima do mal do que a carne. É por isso que todas as vezes em que realmente prestamos atenção destruímos o mal em nós. Se prestarmos atenção com essa intenção, quinze minutos de atenção terão o valor de muitas boas ações.

A atenção consiste em suspender o pensamento, em deixá-lo disponível, vazio e penetrável ao objeto, em manter em si mesmo, próximo ao pensamento, mas em um nível inferior e sem contato com ele, os diversos conhecimentos adquiridos que somos forçados a utilizar. Para todas as ideias particulares e já formadas, o pensamento deve ser como um homem sobre uma montanha que, olhando para frente, percebe ao mesmo tempo sob ele, mas sem olhar diretamente, muitas florestas e planícies. E, sobretudo, o pensamento deve estar vazio, na expectativa; ele nada deve buscar, mas deve estar pronto para receber na sua verdade nua o objeto que vai penetrá-lo.

Todos os contrassensos nas versões, todos os absurdos na solução dos problemas de geometria, toda a falta de jeito do estilo e todos os defeitos no encadeamento das ideias nos deveres de francês, tudo isso vem do fato de que o pensamento precipitou-se rapidamente sobre alguma coisa, e tendo sido assim prematuramente preenchido, não estava mais disponível para a verdade. Quisemos ser ativos, quisemos buscar. Se voltarmos à raiz do problema, isso poderá ser verificado em cada ocasião, em cada erro. Não há melhor exercício do que essa verificação, pois essa verdade é do tipo na qual só podemos acreditar se a provarmos *cento e mil vezes*. O mesmo acontece com todas as verdades essenciais.

Os bens mais preciosos não devem ser buscados, mas aguardados. Pois o homem não pode encontrá-los pelos seus próprios esforços, e caso ele se dedique a buscá-los, encontrará no seu lugar falsos bens, cuja falsidade ele não saberá discernir.

A solução de um problema de geometria não é em si um bem precioso, mas a mesma lei também se aplica, pois é a imagem de um bem precioso. Sendo um pequeno fragmento da verdade particular, ela é uma imagem pura da Verdade única, eterna e viva, essa Verdade que um dia disse com uma voz humana: "Eu sou a Verdade".

Se pensarmos dessa maneira, todo exercício escolar se assemelhará a um sacramento.

Para cada exercício escolar há uma maneira específica para chegar à verdade, com o desejo e sem se permitir ir buscá-la. Isso pode ser uma determinada maneira de prestar atenção aos dados de um problema de geometria sem buscar a solução, às palavras de um texto latino ou grego sem buscar nele o sentido, de aguardar, quando escrevemos, que a palavra justa venha por si mesmo colocar-se sob a pluma, repelindo apenas as palavras insatisfatórias.

O primeiro dever para com os estudantes é fazê-los conhecer esse método, não apenas de maneira geral, mas na forma particular que se relaciona com cada exercício. Esse é o dever, não apenas dos seus professores, mas também dos seus guias espirituais. E estes devem ainda colocar em plena luz, em uma luz resplandecente, a analogia entre a atitude da inteligência em cada um desses exercícios e a situação da alma que, caso a lâmpada esteja bem guarnecida de óleo, aguarda seu esposo com confiança e desejo. Que todo adolescente amoroso, enquanto estiver fazendo uma versão latina, deseje estar, através desta versão, um pouco mais próximo do instante no qual ele realmente será esse escravo que, enquanto seu senhor está em uma festa, vela e escuta perto da entrada para abri-la quando ele bater à porta. O senhor então instalará o escravo à mesa e lhe dará de comer.

É apenas essa espera, essa atenção que podem obrigar o senhor a um tal excesso de ternura. No entanto, quando o escravo se esgota de cansaço nos campos, o senhor, por sua vez, lhe diz: "Prepare minha refeição e sirva-me". E ele o trata como um escravo inútil que faz apenas aquilo que lhe é mandado. Certamente no campo da ação é preciso fazer tudo que nos é mandado, ao preço de qualquer esforço, cansaço ou sofrimento, pois aquele que desobedece não ama. Mas, depois disso, não somos mais do que um escravo inútil. É uma condição do amor, mas ela não basta. O que obriga o senhor a se fazer de escravo do seu escravo, a amá-lo, não é nada disso e é menos ainda uma busca que o escravo teria a temeridade de empreender por sua própria iniciativa; é unicamente a vigília, a espera e a atenção.

Felizes, portanto, aqueles que passam sua adolescência ou sua juventude apenas formando esse poder da atenção. Sem dúvida, eles não estão mais próximos do bem do que seus irmãos que trabalham nos campos e nas fábricas. Eles são próximos de uma outra maneira. Os camponeses, os operários possuem uma proximidade com Deus que tem um sabor incomparável, que reside no âmago da pobreza, na ausência de consideração social e nos sofrimentos longos e lentos. Mas se levarmos em conta as ocupações em si, os estudos estão mais próximos de Deus por causa dessa atenção que são a sua alma. Aquele que atravessa anos de estudo sem desenvolver em si essa atenção perdeu um grande tesouro.

Não é apenas o amor a Deus que tem a atenção como substância. O amor ao próximo, que sabemos ser o mesmo amor, é feito da mesma substância. Os infelizes não precisam de outra coisa neste mundo do que de seres humanos capazes de prestar atenção neles. A capacidade de prestar atenção a um infeliz é algo raro, muito difícil; é quase um milagre; é um milagre. Quase todos os que acreditam ter esta capacidade não a possuem. O calor, o impulso do coração e a piedade não bastam.

A primeira lenda do Graal conta que essa pedra milagrosa que, pela virtude da hóstia consagrada acalma qualquer fome, pertencerá ao primeiro que perguntar ao guardião da pedra, o rei que tem três quartos do corpo paralisados por um doloroso ferimento: "Qual é o teu tormento?"

A plenitude do amor ao próximo é simplesmente ser capaz de perguntar-lhe: "Qual é o teu tormento?" É saber que o infortúnio existe, não como unidade de uma coleção, não como um exemplar da categoria social rotulada "infeliz", mas como ser humano, exatamente semelhante a nós, que um dia foi golpeado e ferido pelo infortúnio com uma marca incomparável. Para isso é suficiente, mas indispensável, saber pousar sobre ele um determinado olhar.

Esse olhar é, antes de tudo, um olhar atento, no qual a alma se esvazia de todo conteúdo próprio para receber em si o ser que ela observa tal qual ele é, em toda sua verdade. Apenas aquele que é capaz de atenção é capaz de fazer isso.

Assim, é verdade, mesmo paradoxalmente, que uma versão latina, um problema de geometria, mesmo que tenhamos errado, contanto apenas que lhes tenhamos dedicado o esforço conveniente, podem nos tornar mais aptos, um dia, caso a ocasião se apresente, a levar a um infeliz, exatamente no momento do seu maior desespero, o socorro capaz de salvá-lo.

Para um adolescente preparado para capturar essa verdade e generoso o suficiente para preferir esse fruto a qualquer outro, os estudos terão a plenitude da sua eficácia espiritual, até mesmo fora de qualquer crença religiosa.

Os estudos escolares são um desses campos que comportam uma pérola pela qual vale a pena vender todos os seus bens, sem nada guardar para si, para poder comprá-la.

O amor de Deus e o infortúnio

No campo do sofrimento, o infortúnio é uma coisa à parte, específica, irredutível. Ele é algo completamente diferente do que o simples sofrimento. Ele toma conta da alma e a fere, até seu âmago, com uma marca que só pertence a ele, a marca da escravidão. A escravidão tal como foi praticada na Roma antiga é apenas a forma extrema do infortúnio. Os antigos que conheciam bem a questão diziam: "Um homem perde a metade da sua alma no dia em que se torna escravo".

O infortúnio é inseparável do sofrimento físico e, no entanto, completamente distinto. No sofrimento, tudo o que não está ligado à dor física ou a algo parecido é artificial, imaginário, e pode ser aniquilado por uma disposição conveniente do pensamento. Mesmo na ausência ou na morte de um ser amado, a parte irredutível da dor é algo semelhante à dor física, uma dificuldade em respirar, um torniquete em volta do coração, ou uma necessidade insaciada, uma fome ou uma desordem quase biológica causada pela liberação brutal de uma energia até então orientada por um apego e que não é mais dirigida a um objeto particular. Uma dor que não seja agrupada em volta de um tal centro irredutível é simplesmente romantismo, literatura. A humilhação também é um estado violento de todo ser corporal, que quer pular sobre o ultraje, mas deve se conter, obrigado pela impotência ou medo.

Em contrapartida, uma dor apenas física é muito pouca coisa e não deixa marca alguma na alma. A dor de dente é um bom exemplo. Algumas horas de dor violenta causadas por um dente doente, depois que passa, nada mais significa.

Algo completamente diverso acontece quando se trata de um sofrimento físico muito prolongado ou muito frequente. Mas tal sofrimento é completamente diferente; amiúde, é uma infelicidade, um infortúnio.

O infortúnio é um desenraizamento da vida, um equivalente mais ou menos atenuado da morte, que se tornou irresistivelmente presente à alma pela espera ou a apreensão imediata da dor física. Se a dor física estiver totalmente ausente, não há infortúnio para a alma, pois o pensamento vai ser atraído por qualquer outro objeto. O pensamento foge do infortúnio prontamente, tão irresistivelmente quanto um animal foge da morte. Aqui embaixo há apenas a dor física e nada mais tem a propriedade de encadear o pensamento; com a condição que assimilemos à dor física certos fenômenos difíceis de descrever, mas que são sentidos no corpo e que são rigorosamente iguais. A apreensão da dor física, particularmente, é dessa espécie.

Quando o pensamento é obrigado – devido ao alcance da dor física, mesmo sendo uma dor leve – a reconhecer a presença do infortúnio, produz-se um estado tão violento como o de um condenado obrigado a olhar durante horas a guilhotina que vai lhe cortar o pescoço. Os seres humanos podem viver 20 anos, 50 anos nesse estado violento. Passamos ao largo deles sem perceber. Qual homem será capaz de discerni-los se o próprio Cristo não olhar através dos seus olhos? Percebemos apenas que eles têm por vezes um comportamento estranho e culpamos esse comportamento.

Só há realmente infortúnio se o acontecimento que tomou conta de uma vida e a desenraizou atingir direta ou indiretamente todas as suas partes: sociais, psicológicas, físicas. O fator social é essencial. Não há realmente infortúnio onde não houver, sob uma forma qualquer, decadência social ou apreensão de tal decadência.

Entre o infortúnio e todos os males que, mesmo sendo muito violentos, muito profundos, muito duráveis, são uma coisa diferente do infortúnio propriamente dito, há, ao mesmo tempo, continuidade e separação feita por um portal, como para a temperatura de ebulição da água. Há um limite além do qual se encontra o infortúnio, mas não deste lado de cá. Esse limite não é puramente objetivo; todos os tipos de fatores pessoais entram nessa conta. O mesmo acontecimento pode precipitar um ser humano no infortúnio, mas não um outro.

O grande enigma da vida humana não é o sofrimento, é o infortúnio. Não devemos nos surpreender que inocentes sejam mortos, torturados, expulsos de seus países, reduzidos à miséria ou à escravidão, fechados em campos ou em calabouços, já que encontramos criminosos para cumprir essas ações. Tampouco é surpreendente que a doença imponha longos sofrimentos que paralisam a vida e dão a ela uma imagem da morte, já que a natureza é submissa a um jogo cego de necessidades mecânicas. Mas é surpreendente que Deus tenha dado ao infortúnio o poder de capturar a própria alma dos inocentes e apoderar-se dela como mestre soberano. Na melhor das hipóteses, quem foi marcado pelo infortúnio manterá apenas a metade da sua alma.

Aqueles que vivenciaram um desses golpes que deixa o ser se debatendo sobre o chão como um verme meio esmagado, não têm palavras para expressar o que lhes aconteceu. Dentre as pessoas que eles encontram, aqueles que, mesmo tendo sofrido muito, jamais tiveram contato com o infortúnio propriamente dito, não têm ideia alguma do que seja. É algo específico, irredutível a qualquer outra coisa, assim como não é possível dar a um surdo-mudo a ideia do que seja o som. E aqueles que foram mutilados pelo infortúnio não têm condições de levar socorro a quem quer que seja, e são praticamente incapazes até mesmo de desejar o socorro. Assim, a compaixão para com os infelizes é uma impossibilidade. Quando ela realmente se produz, é um milagre mais surpreendente do que caminhar sobre as águas, a cura dos enfermos e até mesmo a ressurreição de um morto.

O infortúnio obrigou Cristo a suplicar para ser poupado, a procurar consolo junto aos homens, a se acreditar abandonado pelo seu Pai. Ele obrigou um justo a gritar contra Deus, um justo tão perfeito quanto a natureza, talvez ainda mais, se Jó for menos uma figura histórica do que uma figura do Cristo. "Ele ri do infortúnio dos inocentes." Não é uma blasfêmia, é um grito autêntico arrancado da dor. O livro de Jó, do início ao fim, é uma pura maravilha de verdade e autenticidade. Com relação ao infortúnio, tudo o que se afasta desse modelo é mais ou menos maculado pela mentira.

A infelicidade torna Deus ausente durante um tempo, mais ausente do que um morto, mais ausente do que a luz em uma masmorra completamente tenebrosa. Uma espécie de horror submerge toda a alma. Durante essa ausência não há nada a amar. O mais terrível é que se a alma deixar de amar nessas trevas onde não há nada a amar, a ausência de Deus se tornará definitiva. É preciso que a alma continue a amar no vazio ou ao menos que ela queira amar, mesmo com uma parte infinitesimal de si mesma. Então, um dia, Deus virá se mostrar a ela e revelar-lhe a beleza do mundo, como aconteceu com Jó. Mas se a alma parar de amar, ela cairá em algo quase igual ao inferno.

É por essa razão que, aqueles que precipitam na infelicidade seres humanos não preparados para receber o infortúnio, estão matando almas. Por outro lado, em uma época como a nossa, onde a infelicidade paira sobre todos, o socorro trazido às almas só é eficaz se ele conseguir prepará-las realmente ao infortúnio. Não é pouca coisa.

O infortúnio endurece e desespera porque imprime até o fundo da alma, como um ferro em brasa, esse desprezo, esse desgosto e até mesmo essa repulsa por si mesmo, essa sensação de culpa e de mácula, que o crime deveria naturalmente produzir e não produz. O mal habita a alma do criminoso sem ser sentido. Ele é sentido na alma do inocente infeliz e desafortunado. Tudo se passa como se o estado da alma, que pela sua essência convém ao criminoso, tivesse sido separado do crime e ligado ao infortúnio, mesmo às custas da inocência dos infelizes.

Se Jó grita sua inocência em um tom tão desesperado, é porque ele mesmo não consegue acreditar na sua inocência, nele a sua alma toma o partido dos seus amigos. Ele implora o testemunho do próprio Deus, porque ele não escuta mais o testemunho da sua própria consciência; para ele não passa de uma lembrança abstrata e morta.

A natureza carnal do homem lhe é comum à do animal. As galinhas se precipitam dando bicadas em uma galinha ferida. É um fenômeno tão mecânico quanto a gravidade. Todo o desprezo, toda a repulsa, todo o ódio que nossa razão associa ao crime, nossa sensibilidade associa ao infortúnio. Com exceção daqueles cuja alma é totalmente ocupada por Cristo, todo mundo despreza mais ou menos os infelizes, apesar de quase ninguém ter consciência disso.

Essa lei da nossa sensibilidade também vale para nós. Entre os infelizes, esse desprezo, essa repulsa, esse ódio voltam-se contra eles mesmos, penetra o centro da alma e dali pinta com sua coloração venenosa o universo inteiro. O amor sobrenatural, caso ele tenha sobrevivido, pode impedir esse segundo efeito, mas não o primeiro. O primeiro é a própria essência da infelicidade; não há infelicidade onde ela não se produz.

"Foi jogada uma maldição sobre nós." Não é apenas o corpo de Cristo, suspenso sobre a madeira que foi amaldiçoado, mas toda a sua alma. Da mesma maneira, todo inocente que passa pelo infortúnio sente-se maldito. Isso é verdade até mesmo para aqueles que estavam no infortúnio e dali saíram devido a uma mudança da sorte, caso eles tenham sido profundamente atingidos.

Um outro efeito do infortúnio é tornar a alma sua cúmplice, pouco a pouco, ali injetando o veneno da inércia. Qualquer um que tenha sido infeliz tempo suficiente é cúmplice do seu próprio infortúnio. Essa cumplicidade entrava todos os esforços que ela poderia fazer para melhorar seu destino; ela chega até mesmo a impedir a busca por meios para se libertar, às vezes impede até mesmo o desejo da libertação. A pessoa estará, então, instalada na infelicidade, e os outros podem acreditar que ela está satisfeita. Mais ainda, essa cumplicidade pode compelir o infeliz, a contragosto, a evitar, a fugir dos meios para se libertar; ele se esconde, então, sob pretextos por vezes ridículos. Mesmo aquele que saiu do infortúnio, caso ele tenha sido mordido para sempre até o âmago da sua alma, ali subsistirá algo que o impele a se precipitar novamente no infortúnio, como se a infelicidade estivesse instalada nele como um parasita e o dirigisse aos seus próprios fins. Por vezes esse impulso o arrebata e leva a melhor sobre todos os movimentos da alma que buscam a felicidade. Se a infelicidade chegou ao fim devido a uma boa ação, ela pode vir acompanhada de ódio contra o benfeitor; esta é a causa de certos atos de ingratidão selvagem aparentemente inexplicáveis. Às vezes é fácil libertar um infeliz do seu infortúnio presente, mas é difícil libertá-lo do seu infortúnio passado. Apenas Deus pode fazê-lo. A própria graça de Deus não cura aqui embaixo a natureza irremediavelmente ferida. O corpo glorioso de Cristo carregava as chagas.

Só podemos aceitar a existência do infortúnio olhando-o como uma distância.

Deus criou por amor, para o amor. Deus não criou outra coisa senão o próprio amor e os meios do amor. Ele criou todas as formas de amor. Ele criou seres capazes de amor em todas as distâncias possíveis. Ele mesmo foi, pois ninguém mais poderia fazê-lo, a distância máxima, a distância infinita. Essa distância infinita entre Deus e Deus, supremo despedaçamento, dor à qual nenhuma outra poderia se igualar, maravilha do amor, é a crucifixão. Nada pode estar mais longe de Deus do que aquilo que foi amaldiçoado.

Acima desse despedaçamento o amor supremo faz o vínculo com a suprema união, ressoando perpetuamente através do universo, no fundo do silêncio, como duas notas separadas e reunidas, como uma harmonia pura e despedaçadora. Essa é a Palavra de Deus. A criação inteira é apenas sua vibração. Quando a música humana, em sua maior pureza, atravessa nossa alma, é isso que ouvimos através dela. Quando aprendemos a ouvir o silêncio, é isso que captamos, mais distintamente, através dele.

Aqueles que perseveram no amor escutam essa nota no fundo do desespero onde o infortúnio os colocou. A partir desse momento eles não podem ter mais qualquer dúvida.

Os homens atingidos pelo infortúnio estão aos pés da cruz, quase na maior distância possível de Deus. Não devemos acreditar que o pecado seja uma distância maior. O pecado não é uma distância. É uma má orientação do olhar.

Existe, é verdade, uma ligação misteriosa entre essa distância e uma desobediência original. Desde a origem, nos é dito que a humanidade desviou seu olhar de Deus e caminhou na má direção tão longe quanto possível. É porque ela ainda podia caminhar. Nós estamos pregados no mesmo lugar, livres apenas dos nossos olhares, submetidos à necessidade. Um mecanismo cego, que não dá conta do grau de perfeição espiritual, joga os seres humanos continuamente de um lado para o outro e joga alguns aos pés da cruz. Depende apenas deles manter os olhos voltados para Deus enquanto são sacudidos. A providência de Deus não está ausente. É pela sua providência que Deus quis a necessidade como um mecanismo cego.

Se o mecanismo não fosse cego, não haveria infortúnio. Este é, antes de tudo, anônimo, ele priva da sua personalidade aqueles que toma para si e faz deles coisas. Ele é indiferente e é o frio dessa indiferença, um frio metálico que congela até o fundo da alma todos aqueles que toca. Eles nunca mais encontrarão calor, nunca mais acreditarão que são alguém.

O infortúnio não teria essa característica sem a parte do acaso que ele encerra em si. Aqueles que são perseguidos pela sua fé e sabem disso, não são infelizes, mesmo quando o sofrimento é inevitável. Eles cairão no infortúnio apenas se o sofrimento ou o medo ocuparem a alma a ponto de fazer com que eles esqueçam a causa da perseguição. Os mártires entregues às feras que entravam na arena cantando não eram desafortunados. Cristo era um desafortunado. Ele não morreu como um mártir; Ele morreu como um criminoso de direito comum, misturado aos ladrões, apenas um pouco mais ridículo. Pois o infortúnio é ridículo.

Apenas a necessidade cega pode jogar os homens ao ponto da extrema distância, sempre ao lado da cruz. Os crimes humanos, que são a principal causa dos infortúnios, fazem parte da necessidade cega, pois os criminosos não sabem o que fazem.

Há duas formas de amizade: o encontro e a separação. Eles são indissolúveis. Ambos encerram o mesmo bem, o bem único, a amizade. Pois quando dois seres que não são amigos estão próximos, não há encontro. Quando eles estão afastados, não há separação. Contendo o mesmo bem, eles são igualmente bons.

Deus se produz e conhece a si mesmo perfeitamente, assim como nós fabricamos e conhecemos miseravelmente os objetos fora de nós. Mas antes de tudo, Deus é Amor. Antes de tudo, Deus ama a si mesmo. Esse amor, essa amizade em Deus, é a Trindade. Entre os termos unidos por essa relação de amor divino há mais do que proximidade, há proximidade infinita, identidade. Mas pela criação, a encarnação, a paixão, há também uma distância infinita. A totalidade do espaço, a totalidade do tempo, ao interporem sua espessura, colocam uma distância infinita entre Deus e Deus.

Os amantes, os amigos têm dois desejos. O primeiro desejo é se amarem tanto, que eles entrem um no outro e façam um único ser. O outro desejo é se amarem tanto que, tendo entre eles a metade do globo terrestre, sua união não sofra qualquer diminuição. Tudo o que o homem deseja de maneira vã aqui embaixo é perfeito e real em Deus. Todos esses desejos impossíveis estão em nós como uma marca da nossa destinação, e eles são bons para nós, desde que não esperemos realizá-los.

O amor entre Deus e Deus, que é o próprio Deus, é esse vínculo de dupla virtude; esse elo que une dois seres a ponto de eles não serem mais discerníveis e passarem a ser apenas um único ser; esse vínculo que se estende além da distância e triunfa sobre uma separação infinita. A unidade de Deus onde desaparece toda pluralidade, o abandono onde acreditamos encontrar Cristo sem deixar de amar perfeitamente o seu Pai são duas formas de virtude divina do mesmo Amor, que é o próprio Deus.

Deus é tão essencialmente amor, que a unidade, que em um certo sentido é sua própria definição, é um simples efeito do amor. E à infinita virtude unificadora desse amor corresponde a infinita separação sobre a qual ela triunfa, que é toda a criação, exposta através da totalidade do espaço e do tempo, feita de matéria mecanicamente brutal, interposta entre Cristo e o seu Pai.

Nossa miséria nos dá, seres humanos, o privilégio infinitamente precioso de tomar parte dessa distância colocada entre o Filho e o Pai. Mas essa distância só é separação para aqueles que amam. Para estes, a separação, mesmo dolorosa, é um bem, pois ela é amor. O próprio desespero de Cristo abandonado é um bem. Não pode haver para nós aqui embaixo bem maior do que tomar parte desse bem. Deus não pode estar perfeitamente presente para nós aqui embaixo por causa da carne. Mas no extremo infortúnio Ele pode estar quase perfeitamente ausente. Para nós, que estamos sobre a terra, essa é a única possibilidade de perfeição. Por essa razão, a cruz é nossa única esperança. "Nenhuma floresta carrega uma tal árvore com essa flor, essa folhagem e esse gérmen."

Este universo onde vivemos, do qual somos um fragmento, é esta distância colocada pelo Amor divino entre Deus e Deus. Nós somos um ponto nessa distância. O espaço, o tempo e o mecanismo que governa a matéria são essa distância. Tudo que chamamos de mal nada mais é do que esse mecanismo. Deus agiu de tal modo que a sua graça, quando ela penetra no próprio centro do ser humano e dali ilumina todo seu ser, lhe permite, sem violar as leis da natureza, caminhar sobre as águas. Mas quando um ser humano se afasta de Deus, ele se entrega simplesmente à gravidade. Ele acredita poder querer e escolher, mas ele não passa de uma coisa, uma pedra que cai. Se olharmos de perto, com um olhar realmente atento, as almas e as sociedades humanas, veremos que por todo lado onde a virtude da luz sobrenatural está ausente, tudo obedece a leis mecânicas tão cegas e tão precisas quanto as leis da queda dos corpos. Esse saber é benéfico e necessário. Aqueles que chamamos de criminosos não passam de telhas caindo ao acaso que o vento soltou do telhado. Sua única culpa é a escolha inicial que fez deles telhas.

O mecanismo da necessidade se transpõe a todos os níveis permanecendo semelhante, na matéria bruta, nas plantas, nos animais, nos povos, nas almas. Visto do ponto de vista onde estamos, segundo a nossa perspectiva, ele é completamente cego. Mas se transportarmos nosso coração para fora de nós mesmos, para fora do universo, fora do espaço e do tempo, ali onde está nosso Pai, e se de lá olharmos esse mecanismo, ele aparecerá de maneira totalmente diversa. O que parecia necessidade torna-se obediência. A matéria é inteiramente passividade e, consequentemente, inteiramente obediência à vontade de Deus. Para nós, ela é um modelo perfeito. Não pode haver outro ser além de Deus e daquele que obedece a Deus. Pela sua perfeita obediência, a matéria merece ser amada por aqueles que amam o seu Mestre, como um amante olha com ternura a agulha que foi utilizada pela mulher amada que está morta. Dessa forma, nós somos advertidos que ela merece o nosso amor pela beleza do mundo. Na beleza do mundo, a necessidade bruta torna-se objeto de amor. Nada é belo como o peso nas dobras fugidias das ondulações do mar ou as dobras quase eternas das montanhas.

O mar não é menos belo aos nossos olhos por sabermos que por vezes os barcos nele soçobram. Pelo contrário, ele é ainda mais belo. Se ele modificasse o movimento das suas ondas para poupar um barco, ele seria um ser dotado de discernimento e de escolha, e não esse fluido perfeitamente obediente a todas as pressões externas. Essa perfeita obediência é a sua beleza.

Todos os horrores que se produzem neste mundo são como as dobras impressas nas ondas pela gravidade. É por isso que elas encerram em si a beleza. Por vezes, um poema, como *A ilíada*, torna essa beleza sensível.

O homem jamais pode sair da obediência a Deus, uma criatura não pode deixar de obedecer. A única escolha deixada ao ser humano como criatura inteligente e livre é desejar a obediência ou não desejá-la. Se ele não a desejar, ele a obedecerá de qualquer maneira, perpetuamente, enquanto coisa submissa à necessidade mecânica. Se ele a desejar, ele permanecerá submisso à necessidade mecânica, mas uma nova necessidade será acrescentada, uma necessidade constituída pelas leis próprias às coisas sobrenaturais. Certas ações se tornam impossíveis, outras se realizam através do ser humano, por vezes quase apesar dele.

Quando temos a sensação de que em uma determinada ocasião desobedecemos a Deus, isso simplesmente quer dizer que durante um tempo paramos de desejar a obediência. É claro, sendo todas as coisas iguais, um ser humano não realiza as mesmas ações, quer ele consinta ou não à obediência; da mesma maneira, uma planta, sendo todas as coisas iguais, não cresce da mesma maneira caso ela esteja na luz ou na escuridão. A planta não exerce nenhum controle, nenhuma escolha na questão do seu próprio crescimento. Nós somos como plantas que têm como única escolha expor-se ou não à luz.

Cristo nos propôs como modelo a docilidade da matéria nos aconselhando a olhar os lírios do campo que não trabalham nem fiam. Ou seja, eles não se propuseram a se revestir de tal ou tal cor, eles não colocaram em movimento sua vontade nem dispuseram de bens para esse fim, eles receberam tudo que a necessidade natural lhes trouxe. Se eles nos parecem infinitamente mais belos do que os ricos tecidos, não é por eles serem mais ricos, é devido a essa docilidade. O tecido também é dócil, mas dócil ao homem, não a Deus. A matéria não é bela quando ela obedece ao homem, apenas quando ela obedece a Deus. Se por vezes, em uma obra de arte, ela surge quase tão bela quanto o mar, as montanhas ou as flores, é porque a luz de Deus preencheu o artista. Para achar belas as coisas fabricadas por seres humanos não iluminados por Deus, é preciso ter compreendido com toda alma que esses próprios seres humanos não passam de matéria que obedece sem saber que está obedecendo. Para aquele que possui essa compreensão, absolutamente tudo aqui embaixo é perfeitamente belo. Em tudo aquilo que existe, em tudo aquilo que se produz, ele discerne o mecanismo da necessidade e saboreia na necessidade a doçura infinita da obediência. Essa obediência das coisas é para nós, com relação a Deus, aquilo que a transparência de um vitral é com relação à luz. Desde que sintamos essa obediência com todo nosso ser, nós veremos Deus.

Quando seguramos um jornal de cabeça para baixo, vemos as formas estranhas dos caracteres impressos. Quando o colocamos do lado correto, não vemos mais os caracteres, vemos as palavras. O passageiro de um barco tomado por uma tempestade sente cada sacudidela como uma perturbação em suas entranhas. O capitão capta apenas a combinação complexa do vento, das correntes, dos vagalhões, com a disposição do barco, sua forma, seu velame, seu leme.

Assim como aprendemos a ler, assim como aprendemos uma profissão, da mesma maneira aprendemos a sentir em todas as coisas, antes de tudo e quase unicamente, a obediência do universo a Deus. É realmente um aprendizado. Como todo aprendizado, é necessário esforço e tempo. Para quem chegou a termo, não há mais diferença entre as coisas e entre os acontecimentos, além da diferença sentida por alguém que sabe ler uma mesma frase reproduzida diversas vezes, escrita com tinta vermelha, com tinta azul, impressas nessas ou naquelas fontes e caracteres. Quem não sabe ler só vê as diferenças. Já para quem sabe ler, tudo isso se equivale, já que a frase é a mesma. Para quem concluiu o aprendizado, as coisas e os acontecimentos, em qualquer lugar, sempre, são a vibração da mesma palavra divina infinitamente doce. Isso não quer dizer que não haja sofrimento. A dor é a coloração de certos acontecimentos. Diante de uma frase escrita com tinta vermelha, aquele que sabe ler e aquele que não sabe, veem o vermelho da mesma maneira; mas a coloração vermelha não tem a mesma importância para um e para outro.

Quando um aprendiz se fere ou se queixa de cansaço, os operários, os camponeses, têm estas belas palavras: "É o trabalho que está entrando no corpo". Cada vez que suportamos uma dor podemos dizer de maneira fidedigna que o universo, a ordem do mundo, a beleza do mundo, a obediência da criação a Deus entram em nosso corpo. A partir desse momento, como poderíamos deixar de abençoar com o mais terno reconhecimento o Amor que nos envia esse dom?

A alegria e a dor são dons igualmente preciosos, é preciso saborear um e outro integralmente; cada um na sua pureza, sem buscar misturá-los. Através da alegria, a beleza do mundo penetra em nossa alma. Pela dor, ela entra em nosso corpo. Apenas com a alegria não poderíamos nos tornar amigos de Deus, assim como não nos tornamos capitão apenas estudando os manuais de navegação. O corpo faz parte de todo esse aprendizado. No nível da sensibilidade física, apenas a dor é um contato com essa necessidade que constitui a ordem do mundo; pois o prazer não contém a impressão de uma necessidade. A parte mais elevada da sensibilidade é capaz de sentir a necessidade na alegria, mas apenas pelo intermédio do sentimento do belo. Para que o nosso ser torne-se um dia inteiramente sensível, de uma parte à outra, a essa obediência que é a substância da matéria, para que se forme em nós esse sentido novo que permite escutar o universo como sendo a vibração da Palavra de Deus, a virtude transformadora da dor e da alegria são igualmente indispensáveis. É preciso abrir-se, abrir o próprio centro da alma para uma e para outra quando uma ou outra se apresenta, assim como abrimos nossa porta aos mensageiros daquele que amamos. O que importa a uma amante que o mensageiro seja educado ou bruto, se ele lhe traz uma mensagem?

Mas o infortúnio não é a dor. O infortúnio é uma coisa muito diferente de um procedimento pedagógico de Deus.

A infinidade do tempo e do espaço nos separam de Deus. Como poderíamos buscá-lo? Como iríamos até

Ele? De todo modo, nós caminharíamos ao longo dos séculos, não faríamos outra coisa senão girar em torno da terra. Mesmo se estivéssemos de avião, não poderíamos fazer outra coisa. Estamos fora do estado onde podemos avançar verticalmente. Não podemos dar um passo rumo aos céus. Deus atravessa o universo e vem até nós.

Acima da infinidade do espaço e do tempo, o amor incessantemente mais infinito de Deus vem nos capturar. Ele vem na sua hora. Nós temos o poder de consentir em acolhê-lo ou recusá-lo. Se permanecermos surdos, Ele continuará voltando como um mendigo, mas também como um mendigo, um dia Ele não voltará mais. Se consentirmos, Deus colocará em nós um pequeno grão e irá embora. A partir desse momento, Deus não tem mais nada a fazer e nós tampouco, senão esperar. Devemos apenas não lamentar o consentimento que demos, o sim nupcial[5]. Não é tão fácil quanto parece, pois o crescimento do grão em nós é doloroso. Pelo próprio fato de aceitarmos esse crescimento, nós não podemos deixar de destruir aquilo que incomoda, arrancar as ervas daninhas, cortar a tiririca; mas infelizmente as ervas daninhas fazem parte da nossa própria carne, de modo que os cuidados do jardineiro são uma operação violenta. No entanto, o grão, no final das contas, crescerá sozinho. Virá um dia em que a alma pertencerá a Deus, quando não apenas ela consentirá com o amor, mas

---

5. Simone Weil na "profissão de fé" do seu estudo para uma declaração das obrigações para com o ser humano (*Écrits de Londres* [*Escritos de Londres*]) escreverá a respeito do consentimento: "Quem quer que, de fato, consinta em orientar sua atenção e seu amor para fora do mundo, voltado à realidade situada além de todas as faculdades humanas, lhe será dado ter sucesso. Nesse caso, cedo ou tarde, descerá sobre ele o bem que, através dele, brilhará em torno dele". A linguagem cristã fala de "adesão pelo amor" (cf. Jo 14,23; 15,10).

realmente, efetivamente, ela amará. Será preciso, então, por sua vez, que ela atravesse o universo para chegar até Deus. A alma não ama como criatura de um amor criado. Este amor nela é divino, incriado, pois é o amor de Deus por Deus que passa através dela. Apenas Deus é capaz de amar a Deus. Nós podemos apenas consentir em perder nossos sentimentos próprios para dar passagem em nossa alma a esse amor. Isso é negar a si mesmo. Nós só somos criados devido a esse consentimento.

O amor divino atravessou a infinidade do espaço e do tempo para ir de Deus e chegar até nós. Mas como ele pode refazer o trajeto no sentido inverso partindo de uma criatura finita? Quando o grão de amor divino depositado em nós cresceu, tornou-se uma árvore. Como podemos, nós que o carregamos, relacioná-lo com sua origem, fazer em sentido inverso a viagem que Deus fez em nossa direção, atravessar a distância infinita?

Isso parece impossível, mas há um meio. Esse meio nós o conhecemos bem. Sabemos bem o que é esta árvore que cresceu em nós, esta árvore tão bela, onde os pássaros do céu vêm pousar. Nós sabemos qual é a mais bela de todas as árvores. "Nenhuma floresta é igual." Algo ainda um pouco mais assustador do que uma forca, eis a mais bela das árvores. É essa árvore cuja semente Deus colocou em nós, sem que nós soubéssemos que ela era essa semente. Se soubéssemos, não teríamos dito sim no primeiro momento. É esta árvore que cresceu em nós, cuja raiz é impossível arrancar. Apenas uma traição poderá desenraizá-la.

Quando batemos com um martelo em um prego, o choque recebido pela grande cabeça passa inteiramente na ponta, sem que nada se perca, apesar de ela ser apenas um ponto. Se o martelo e a cabeça do prego fossem infinitamente grandes, tudo aconteceria da mesma maneira.

A cabeça do prego transmitiria ao ponto sobre o qual é aplicado esse choque infinito.

A extrema infelicidade, que é ao mesmo tempo dor física, desespero da alma e degradação social, constitui esse prego. A ponta é aplicada no próprio centro da alma. A cabeça do prego é toda a necessidade esparsa através da totalidade do espaço e do tempo.

O infortúnio é uma maravilha da técnica divina. É um dispositivo simples e engenhoso que faz entrar na alma de uma criatura finita essa imensidão de força cega, brutal e fria. A distância infinita que separa Deus da criatura se reúne inteiramente em um ponto para atravessar uma alma em seu centro.

O homem que vive esse acontecimento não toma parte dessa operação. Ele se debate como uma borboleta que pregamos viva com um alfinete dentro de um álbum. Mas ela pode, através do horror, continuar a querer amar. Não existe aí nenhuma impossibilidade, nenhum obstáculo, poderíamos quase dizer, nenhuma dificuldade. Pois a maior dor, contanto que estiver abaixo do desfalecimento, não toca nesse ponto da alma que consente em uma boa orientação.

É preciso apenas saber que o amor é uma orientação, e não um estado de alma. Se ignorarmos isso, cairemos no desespero ao primeiro ataque da infelicidade.

Aquele cuja alma permanece orientada para Deus enquanto é atravessada por um prego, encontra-se pregado sobre o próprio centro do universo. É o verdadeiro centro, que não está no meio, que está fora do espaço e do tempo, que é Deus. Segundo uma dimensão que não pertence ao espaço, que não é o tempo, que é uma dimensão completamente diversa, esse prego perfurou um buraco através da criação, através da espessura da tela que separa a alma de Deus.

Por essa dimensão maravilhosa, a alma pode, sem deixar o lugar e o instante onde se encontra o corpo ao qual ela está ligada, atravessar a totalidade do espaço e do tempo e chegar diante da própria presença de Deus.

Ela se encontra na interseção entre a criação e o Criador. Este ponto de interseção é o cruzamento dos braços da cruz.

Talvez São Paulo sonhasse com coisas desse gênero quando diz: "Estejais enraizados no amor, para seres capazes de compreender o que são a largura, o comprimento, a altura e a profundidade e conhecer aquilo que ultrapassa todo conhecimento, o amor do Cristo".

Formas do amor implícito de Deus

O mandamento "amar a Deus" implica, pela sua forma imperativa, que se trata não apenas do consentimento que a alma pode conceder ou recusar quando Deus vem em pessoa segurar a mão da sua futura esposa, mas trata-se também de um amor anterior a essa visita, pois é uma obrigação permanente.

O amor anterior não pode ter Deus como objeto, já que Deus não está presente e nunca esteve. Ele tem, portanto, um outro objeto. No entanto, está destinado a tornar-se amor de Deus. Podemos chamá-lo de amor indireto ou implícito de Deus.

Isso é verdade mesmo quando o objeto desse amor carrega o nome de Deus. Pois poderemos dizer, então, ou que esse nome é aplicado de maneira imprópria ou que o uso só é legítimo devido ao desdobramento que será produzido.

O amor implícito de Deus só pode ter três objetos imediatos, os três únicos objetos aqui embaixo onde Deus está realmente, apesar de secretamente, presente. Esses objetos são as cerimônias religiosas, a beleza do mundo e o próximo. Esses são os três amores.

A esses três amores, talvez seja preciso acrescentar a amizade; estritamente falando, ela é distinta da caridade ao próximo.

Esses amores indiretos têm uma virtude exata e rigorosamente equivalente. Segundo as circunstâncias, o temperamento e a vocação, um ou outro entra em primeiro lugar em uma alma; um ou outro domina ao longo do período de preparação. Talvez o mesmo não seja necessário ao longo de todo este período.

É provável que, na maior parte dos casos, o período de preparação não esteja chegando ao fim, a alma só está pronta para receber a visita pessoal do seu Mestre se carregar consigo, em um grau elevado, todos esses amores indiretos.

Todos esses amores constituem o amor de Deus na forma apropriada ao período preparatório, de maneira enlaçada.

Eles não desaparecem quando surge na alma o amor de Deus propriamente dito; eles se tornam infinitamente mais fortes, e todo esse conjunto faz um único amor.

Mas a forma enlaçada do amor necessariamente precede, e muitas vezes por um longo tempo reina sozinha na alma; em muitos talvez reine até a morte. Esse amor enlaçado pode atingir graus muito elevados de pureza e força.

No momento em que toca a alma, cada uma das formas de que esse amor é capaz tem a virtude de um sacramento.

O amor ao próximo

Cristo indicou isso muito claramente com relação ao amor ao próximo: Ele disse que um dia agradeceria aos seus benfeitores dizendo: "Eu tive fome e vocês me deram de comer". Quem pode ser o benfeitor de Cristo senão o próprio Cristo? Como um homem pode dar de comer a Cristo, se ele não for, ao menos durante um momento, elevado a esse estado mencionado por São Paulo, onde ele não vive mais em si mesmo, onde apenas Cristo vive nele?

No texto do Evangelho, trata-se apenas da presença de Cristo no desafortunado. No entanto, parece que a dignidade espiritual daquele que recebe não está em questão. Devemos então admitir que é o próprio benfeitor, como portador de Cristo, que leva Cristo aos infelizes famintos com o pão que ele lhes dá. O outro pode consentir ou não com essa presença, exatamente como aquele que comunga. Quando um homem entrega um pedaço de pão a um outro homem, se o dom for bem dado e bem recebido, isso se assemelha a uma verdadeira comunhão.

Cristo não chama os benfeitores de amorosos ou caridosos. Eles são chamados de justos. O Evangelho não faz nenhuma distinção entre o amor ao próximo e a justiça. Aos olhos dos gregos, o respeito para com Zeus suplicante era o primeiro dentre os deveres da justiça. Nós inventamos a distinção entre justiça e caridade. É fácil compreender por quê. Nossa noção de justiça dispensa aquele que possui de dar. Se de todo modo ele der, ele acredita poder ficar satisfeito consigo mesmo. Ele pensa ter feito uma boa ação. Quanto à pessoa que recebe, de acordo com a maneira como ela compreende essa noção, ou ela o isenta de toda gratidão ou ela se obriga a agradecer, rebaixando-se.

Apenas a identificação absoluta da justiça com o amor tornam possíveis ao mesmo tempo, de um lado, a compaixão e a gratidão, e de outro, o respeito pela dignidade da infelicidade entre os desafortunados.

É preciso ter em mente que nenhuma bondade, sob pena de constituir um erro sob uma falsa aparência de bondade, não pode ir mais longe do que a justiça. Mas é preciso agradecer o justo por ser justo, pois a justiça é uma coisa muito bela, assim como nós agradecemos a Deus pela sua grande glória. Qualquer outra gratidão é servil e até mesmo animalesca.

A única diferença entre aquele que assiste a um ato de justiça e aquele que recebe vantagem material é que, nessa circunstância, a beleza da justiça é para o primeiro apenas um espetáculo, e para o segundo, o objeto de um contato e até mesmo um alimento. Assim, o sentimento que no primeiro é mera admiração deve ser levado no segundo, através do fogo da gratidão, a um grau mais elevado.

Não sentir gratidão mesmo quando fomos tratados com justiça em circunstâncias onde a injustiça era facilmente possível, é privar-nos da virtude sobrenatural, sacramental, contida em todo puro ato de justiça.

Nada nos permite conceber melhor essa virtude do que a doutrina da justiça natural, tal como a encontramos exposta, com uma probidade de espírito incomparável, em algumas maravilhosas linhas de Tucídides.

Os atenienses, estando em guerra contra Esparta, queriam forçar os habitantes da pequena ilha de Milos, aliada de Esparta desde a Antiguidade, e neutra até então, a unir-se a eles. De maneira vã, os cidadãos de Milos, diante do ultimato ateniense, invocaram a justiça, imploraram por piedade devido à antiguidade da sua cidade. Como eles não quiseram ceder, os atenienses aniquilaram a cidade, mataram todos os homens, venderam todas as mulheres e todas as crianças como escravos.

As frases em questão foram colocadas por Tucídides na boca desses atenienses. Eles começam dizendo que não tentarão provar que o seu ultimato é justo.

"Tratemos do que é possível... Vós o sabeis, assim como nós; da maneira como é constituído o espírito humano, o que é justo será examinado apenas se houver necessidade igual de uma parte e de outra. Mas se houver um forte e um fraco, o que é possível será imposto pelo primeiro e aceito pelo segundo."

Os cidadãos de Milos dizem que, em caso de batalha, eles terão os deuses ao seu lado devido à justiça da sua causa. Os atenienses respondem que não viam motivo algum para essa suposição.

"Para com os deuses, nós temos a crença, e para com os homens, a certeza de que, sempre, por uma necessidade da natureza, cada um comanda onde quer que tenha o poder. Nós não estabelecemos essa lei, nós não somos os primeiros a aplicá-la; nós a encontramos estabelecida, nós a conservamos como algo que deve durar para sempre, e é por essa razão que a aplicamos. Sabemos que vós também, como todos os outros, uma vez tendo chegado ao mesmo grau de poder, agiríeis do mesmo modo."

Essa lucidez da inteligência na concepção da injustiça é a luz imediatamente inferior à da caridade. É a claridade que subsiste algum tempo ali onde a caridade existiu, mas se apagou. Abaixo dela estão as trevas onde o forte crê sinceramente que a sua causa é mais justa do que a do fraco. Este foi o caso dos romanos e dos hebreus.

Nestas linhas, possibilidade e necessidade são os termos opostos à justiça. Tudo o que um forte pode impor a um fraco é possível. É sensato examinar até onde vai essa possibilidade. Se supormos conhecê-la, é certo que o forte cumprirá sua vontade até o extremo limite da possibilidade. É uma necessidade mecânica. De outro modo, seria como se, ao mesmo tempo, ele quisesse e não quisesse. Existe aí a necessidade tanto para o forte quanto para o fraco.

Quando dois seres humanos têm coisas para fazer juntos e nenhum tem o poder de impor algo ao outro, é preciso que eles se escutem. Examinamos então a justiça, pois apenas a justiça tem o poder de fazer coincidir duas vontades. Ela é a imagem desse Amor que em Deus une o Pai e o Filho, que é o pensamento comum dos seres pensantes que estão separados. Mas quando há um forte e um fraco, não há nenhuma necessidade de unir duas vontades. Há apenas uma vontade, a do forte. O fraco obedece. Tudo se passa como quando um homem manipula a matéria. Não há duas vontades que devam coincidir. O homem quer e a matéria suporta as consequências do seu querer. O fraco é como uma coisa. Não há nenhuma diferença entre jogar uma pedra para afastar um cachorro importuno e dizer a um escravo: "Expulse o cachorro".

Há para o inferior, a partir de um determinado grau de desigualdade nas relações de forças díspares entre os homens, a passagem ao estado da matéria e a perda da personalidade. Os antigos diziam: "Um homem perde a metade da sua alma no dia em que ele se torna um escravo".

A balança em equilíbrio, imagem da relação igual de forças, foi durante toda a Antiguidade e sobretudo no Egito, símbolo da justiça. Talvez ela tenha sido um objeto religioso antes de ter sido empregada no comércio. Seu uso no comércio é a imagem desse consentimento mútuo, própria essência da justiça, que deve ser a regra das trocas. A definição de justiça como algo que consiste em consentimento mútuo, que se encontrava na legislação de Esparta, era sem dúvida de origem egeu-cretense.

A virtude sobrenatural da justiça consiste, se formos o superior na relação desigual de forças, em nos conduzir exatamente como se houvesse igualdade. Exatamente, em todos os aspectos, inclusive os mínimos detalhes de ênfase e de atitude, pois um detalhe pode bastar para preterir o inferior ao estado de matéria que nesta ocasião é naturalmente o seu, assim como o menor choque congela a água que permaneceu líquida abaixo de zero grau.

Para o inferior tratado dessa maneira, esta virtude consiste em não acreditar que haja realmente igualdade de forças, em reconhecer que a generosidade do outro é a única causa para esse tratamento. Chamamos isso de reconhecimento. Para o inferior tratado de uma outra forma, a virtude sobrenatural da justiça consiste em compreender que, por um lado, o tratamento que ele sofre é diferente da justiça, mas por outro, é conforme à necessidade e ao mecanismo da natureza humana. Ele deve permanecer sem submissão e sem revolta.

A pessoa que trata como iguais aqueles a quem a proporção de forças colocou muito abaixo dele, realmente lhes dá o dom da qualidade de seres humanos que o destino os privou. Tanto quanto for possível a uma criatura, ela reproduz a generosidade original do Criador.

Essa virtude é a virtude cristã por excelência. Também é ela que no *Livro dos mortos* egípcio expressa palavras tão sublimes quanto aquelas do Evangelho: "Eu não fiz ninguém chorar. Eu jamais elevei minha voz. Jamais causei medo a alguém. Nunca me fiz de surdo para as palavras justas e verdadeiras".

Entre os infelizes, o reconhecimento, quando é puro, é apenas uma participação nessa mesma virtude, pois apenas aquele que dela é capaz, consegue reconhecê-la. Os outros sentem os efeitos sem reconhecê-la.

Uma tal virtude é idêntica à fé real, em ato, no verdadeiro Deus. Os atenienses de Tucídides pensavam que a divindade, assim como o homem no estado de natureza, comanda até o extremo limite do possível.

O verdadeiro Deus é o Deus concebido como todo-poderoso, mas não comandando em todo lugar onde Ele detém o poder; pois Ele só se encontra nos céus ou aqui embaixo em segredo.

Os atenienses que massacraram os cidadãos de Milos não conseguiam mais imaginar um tal Deus.

O que indica o seu erro é que, primeiro, contrariamente à sua afirmação, mesmo sendo extremamente raro, por pura generosidade um homem pode abster-se de comandar ali onde ele detém o poder. O que é possível ao homem é possível a Deus.

Podemos contestar os exemplos. Mas é certo que se neste ou naquele exemplo pudéssemos provar que se trata apenas de pura generosidade, essa generosidade seria geralmente admirada. Tudo que o homem é capaz de admirar é possível a Deus.

O espetáculo deste mundo é uma prova ainda mais segura. O bem puro não se encontra em lugar algum. Ou Deus não é todo-poderoso, ou Ele não é de maneira alguma bom, ou Ele não comanda em todo lugar onde Ele tem poder.

Assim, a existência do mal aqui embaixo, longe de ser uma prova contra a realidade de Deus, é o que a revela a nós em sua verdade.

Da parte de Deus, a criação não é um ato de expansão de si, mas de retraimento, de renúncia. Deus e todas as criaturas são menos do que Deus sozinho. Deus aceitou essa diminuição. Ele esvaziou de si uma parte do ser. Ele já se esvaziou nesse ato da sua divindade; é por essa razão que São João diz que o Cordeiro foi degolado desde a constituição do mundo. Deus permitiu que existissem outras coisas além dele que valem infinitamente menos do que Ele. Pelo ato criador, ele negou a si mesmo, assim como Cristo prescreveu que negássemos a nós mesmos. Deus negou a si mesmo em nosso favor para nos dar a possibilidade de nos negarmos para Ele. Essa resposta, esse eco, que depende de nós recusar, é a única justificativa possível à loucura do amor do ato criador.

As religiões que conceberam essa renúncia, essa distância voluntária, este apagamento voluntário de Deus, sua ausência aparente e sua presença secreta aqui embaixo, essas religiões são a verdadeira religião, a tradução em línguas diferentes da Grande Revelação. As religiões que representam a divindade como mandamento em todo lugar onde elas detêm o poder são falsas. Mesmo se elas forem monoteístas, são idólatras.

Aquele que, tendo sido reduzido pelo infortúnio ao estado de coisa inerte e passiva, volta ao menos durante um tempo ao estado humano pela generosidade de outra pessoa; este, caso saiba acolher e sentir a essência verdadeira dessa generosidade, receberá neste instante uma alma oriunda exclusivamente da caridade. Ele é engendrado do alto a partir da água e do espírito (a palavra do Evangelho, *anôthen*, significa "vindo do alto" com maior frequência do que "de novo"). Tratar com amor o próximo que está infeliz é um ato semelhante a batizá-lo.

Aquele de quem provém o ato de generosidade só pode agir dessa maneira se ele tiver se transportado para dentro do outro pelo pensamento. Neste momento, ele também é composto apenas por água e espírito.

A generosidade e a compaixão são inseparáveis, e tanto uma quanto a outra têm o seu modelo em Deus, a saber, a Criação e a Paixão.

Cristo nos ensinou que o amor sobrenatural pelo próximo é a troca de compaixão e de gratidão que se produz como um raio entre dois seres onde um é provido e o outro privado da pessoa humana. Um dos dois é apenas um pouco de carne nua, inerte e sangrenta às margens de uma fossa, sem nome, sobre a qual ninguém sabe coisa alguma. Aqueles que passam ao lado desta coisa mal a percebem e alguns minutos mais tarde nem se lembram mais que perceberam. Uma única pessoa para e presta atenção. Os atos que se seguem são apenas o efeito automático desse momento de atenção. Essa atenção é criadora. Mas no momento em que ela está agindo, ela é renúncia. Ao menos se ela for pura. O homem aceita uma diminuição concentrando-se para dispensar uma energia que não apagará o seu poder, que apenas fará existir um outro ser além dele, independente dele. Querer a existência do outro é se transportar nele, por compaixão, e em seguida tomar parte do estado de matéria inerte onde ele se encontra.

Essa operação é proporcionalmente contra a natureza em um homem que não conheceu o infortúnio e ignora o que seja, assim como em um homem que conheceu ou pressentiu o infortúnio e tomou horror dele.

Não é surpreendente que um homem que tenha pão dê um pedaço a um faminto. O que é surpreendente é que ele seja capaz de fazê-lo por um gesto diferente daquele pelo qual compramos um objeto. A esmola, quando ela não é sobrenatural, é semelhante a uma operação de compra. Ele compra o infeliz.

Não importa o que um homem queira, no crime como na virtude mais elevada, nas preocupações minúsculas ou nos grandes destinos, a essência do seu querer consiste sempre no seguinte: ele quer primeiro querer livremente. Querer a existência dessa faculdade do livre consentimento em um homem que dela foi privado pelo infortúnio, é transportar-se para dentro do outro, é consentir com o infortúnio, ou seja, com a destruição de si mesmo. É negar a si mesmo. Negando-se, a pessoa torna-se capaz, depois de Deus, de afirmar um outro através de uma afirmação criadora. Nós somos o preço que pagamos pelo outro. É uma ação redentora.

A simpatia do fraco pelo forte é natural, pois o fraco, ao se transportar para dentro do outro, adquire uma força imaginária. A simpatia do forte pelo fraco, sendo a operação inversa, é contra a natureza.

É por isso que a simpatia do fraco pelo forte é pura apenas se ele tiver como único objeto a simpatia do outro por ele, no caso em que o outro seja verdadeiramente generoso. Eis aí a gratidão sobrenatural, que consiste em ser feliz, em ser o objeto de uma compaixão sobrenatural. Ela deixa o orgulho absolutamente intacto. A conservação do orgulho verdadeiro no infortúnio é também uma coisa sobrenatural. A gratidão pura, assim como a compaixão pura, é essencialmente consentimento à infelicidade. O infeliz e o seu benfeitor, entre os quais a diversidade da fortuna coloca uma distância infinita, formam um nesse consentimento. Há amizade entre eles no sentido pitagórico, harmonia milagrosa e igualdade.

Ao mesmo tempo, um e outro reconhecem de toda sua alma que é melhor não comandar em todos os lugares em que temos poder. Esse pensamento, caso ele ocupe toda a alma e governe a imaginação, que é a fonte das ações, constitui a verdadeira fé. Pois ele rejeita o bem fora deste mundo, onde estão todas as fontes de poder; ele reconhece o bem como o modelo do ponto secreto que se encontra no centro da pessoa humana e que é princípio de renúncia.

Mesmo na arte e na ciência, se a produção de segunda ordem, brilhante ou medíocre, é extensão de si mesmo, a produção de toda primeira ordem, a criação, é renúncia *a si mesmo*. Não discernimos essa verdade porque a glória mistura e recobre indistintamente com o seu brilho as produções de primeira ordem e as mais brilhantes de segunda ordem, muitas vezes até dando vantagem a essas últimas.

A caridade ao próximo, sendo constituída pela atenção criadora, é análoga à genialidade.

A atenção criadora consiste em prestar realmente atenção àquilo que não existe. A humanidade não existe na carne anônima inerte às margens da estrada. O samaritano que para e olha – portanto, presta atenção a essa humanidade ausente – e os atos que se seguem testemunham que se trata de uma atenção real.

A fé, diz São Paulo, é a visão das coisas invisíveis. Neste momento de atenção, a fé está presente tanto quanto o amor.

Da mesma maneira, um homem que esteja inteiramente à disposição dos outros não existe. Um escravo não existe, nem aos olhos do mestre, nem aos seus próprios olhos. Os escravos negros da América, quando por acidente machucavam o pé ou a mão, diziam: "Não faz mal, é o pé do mestre, a mão do mestre". Aquele que está inteiramente privado de bens, não importa quais sejam, nos quais está cristalizada a consideração social, não existe. Uma canção popular espanhola diz com palavras de uma maravilhosa verdade: "Se alguém quiser ficar invisível, não existe meio mais seguro do que ficar pobre". O amor vê o invisível.

Deus pensou aquilo que não era e, pelo fato de pensar, Ele fez aquilo ser. A cada instante nós existimos apenas pelo fato de que Deus consente pensar em nossa existência, apesar de, na realidade, nós não existirmos. Ao menos, é desse modo que nós imaginamos a criação, humanamente e em seguida falsamente, mas esse imagético encerra alguma verdade. Apenas Deus possui o poder de realmente pensar aquilo que não é. Apenas Deus presente em nós pode realmente pensar a qualidade humana entre os infelizes, olhá-los de verdade com um olhar diferente daquele que pousamos sobre os objetos, escutar realmente sua voz como escutamos uma palavra. Eles percebem, então, que têm uma voz; caso contrário, eles não teriam oportunidade para se dar conta disso.

Tanto quanto é difícil escutar realmente uma pessoa que se sente infeliz, também é difícil para essa pessoa saber que é escutada apenas por compaixão.

O amor ao próximo é o amor que desce de Deus para o homem. Ele é anterior àquele que sobe do homem para Deus. Deus tem pressa em descer para os infelizes. Contanto que uma alma esteja disposta a dar seu consentimento, mesmo sendo ela a última, a mais miserável, a mais disforme, Deus se precipita sobre ela para poder, através dela, olhar e escutar esses infelizes. Com o passar do tempo, somente ela toma conhecimento dessa presença. Mas será que ela não encontraria um nome para nomeá-la? Onde quer que os infelizes sejam amados por si mesmos, Deus está presente.

Deus não está presente, mesmo quando invocado, ali onde os infelizes são simplesmente uma oportunidade para praticar o bem, mesmo se eles forem amados com essa desculpa. Eles são amados impessoalmente. E é preciso levar-lhes, nesse estado inerte, anônimo, um amor pessoal.

É por essa razão que expressões como "amar o próximo em Deus, para Deus", são expressões enganadoras e equivocadas. Um homem não tem muito poder de atenção para simplesmente ser capaz de observar esse pouco de carne inerte e sem vestimentas às margens da estrada. Não é o momento de voltar o pensamento para Deus. Assim como há momentos onde é preciso pensar em Deus, esquecendo todas as criaturas sem exceção, há momentos em que, ao olhar as criaturas, não devemos pensar explicitamente no Criador. Nesses momentos, a presença de Deus em nós tem como condição um segredo tão profundo, que ela é segredo até para nós. Há momentos nos quais pensar em Deus nos separa dele. O pudor é a condição para a união nupcial.

No verdadeiro amor, não somos nós que amamos os infelizes em Deus, é Deus em nós que ama os infelizes. Quando estamos no infortúnio, é Deus em nós que ama aqueles que querem o nosso bem. A compaixão e a gratidão descem de Deus, e quando elas trocam um olhar, Deus está presente até o ponto onde os olhares se encontram. O infeliz e o outro se amam a partir de Deus, através de Deus, mas não pelo amor de Deus; eles se amam pelo amor que um tem pelo outro. Isso é algo impossível. É por essa razão que isso só acontece através de Deus.

Cristo não agradecerá aquele que dá pão a um infeliz esfomeado por amor a Deus. Ele já teve seu salário nesse único pensamento. Cristo agradece àqueles que não sabiam a quem estavam dando de comer.

Para o resto, o dom só é uma das duas formas possíveis de amor pelos infelizes. O poder é sempre poder de fazer o bem e o mal. Em uma relação de forças muito desiguais, o superior pode ser justo para com o inferior, seja fazendo-lhe o bem com justiça, seja fazendo-lhe o mal com justiça. No primeiro caso, há a esmola; no segundo caso, há o castigo.

O castigo justo, assim como a esmola justa, envolve a presença real de Deus e constitui algo semelhante a um sacramento. Isso também é claramente indicado no Evangelho e é expressado pelas palavras: "Aquele que for sem pecado, que jogue a primeira pedra". Apenas Cristo é sem pecado.

Cristo poupou a mulher adúltera. A função do castigo não convinha à existência terrestre que iria terminar sobre a cruz. Mas Ele não prescreveu abolir a justiça penal. Ele permitiu que se continuasse a jogar pedras. Em qualquer lugar onde isso seja feito de maneira justa, é Ele quem joga a primeira. E como Ele reside nos infelizes esfomeados alimentados por um justo, Ele reside também nos infelizes condenados, castigados por um justo. Ele não disse, mas indicou isso o suficiente ao morrer como um condenado sem privilégios. Ele é o modelo divino dos ex-condenados. Da mesma maneira que os jovens operários formados na JOC[6] ficam embriagados com a ideia de que Cristo foi um deles, os ex-condenados poderiam legitimamente saborear a mesma embriaguez. Apenas seria preciso dizer-lhes isso, como dizemos aos operários. Em um sentido, Cristo está mais próximo deles do que dos mártires.

A pedra que mata e o pedaço de pão que alimenta têm exatamente a mesma virtude, se Cristo estiver presente no ponto de partida e no ponto de chegada. O dom da vida e o dom da morte são equivalentes.

Segundo a tradição hindu, o Rei Rama, encarnação da segunda Pessoa da Trindade, teve de mandar matar, para impedir o escândalo no seu povo, mesmo lamentando extremamente esse fato, um homem de baixa casta que, contrariamente à lei, dedicava-se a exercícios de ascetismo religioso. Ele próprio foi ao seu encontro e o matou com um golpe de espada. Logo em seguida, a alma do morto lhe apareceu e caiu aos seus pés, agradecendo pelo grau de glória que lhe tinha sido conferido pelo contato com

---

6. JOC (Juventude Operária Cristã ou Jeunesse Ouvrière Chrétienne) é uma associação para pessoas entre 13 e 30 anos, oriundas dos meios operários e populares [N.T.].

essa espada bem-aventurada. Assim, a execução, apesar de completamente injusta em um sentido, mas legal e cumprida pela própria mão de Deus, teve toda a virtude de um sacramento.

O caráter legal de um castigo não tem significado verdadeiro se não lhe for conferido um aspecto religioso, se ele não tiver algo análogo a um sacramento; e, consequentemente, todas as funções penais, desde o juiz até o carrasco e o guarda da prisão, deveriam participar de alguma maneira desse sacerdócio.

A justiça é definida no castigo, assim como na esmola. Ela consiste em prestar atenção ao infeliz como a um ser, e não como a uma coisa, a desejar nele a preservação da faculdade do livre consentimento.

Os homens acreditam desprezar o crime e desprezam, na realidade, a fraqueza do infortúnio. Quando eles se combinam em um ser, isso permite que eles se abandonem ao desprezo pelo infortúnio sob o pretexto de desprezar o crime. Este torna-se, assim, objeto do maior desprezo. O desprezo é o contrário da atenção. Há exceção somente quando se trata de um crime que por uma razão qualquer tenha prestígio, como é frequentemente o caso do assassinato devido ao poder passageiro que ele implica, ou que não excite vivamente a noção de culpa naqueles que julgam. O roubo é o crime mais desprovido de prestígio e o que mais causa indignação, pois a propriedade é o apego mais generalizado e mais poderoso. Isso está explícito até mesmo no Código Penal.

Nada está abaixo de um ser humano envolvido por uma aparência verdadeira ou falsa de culpa e que se encontra inteiramente à disposição de alguns homens que em algumas palavras decidirão seu destino. Esses homens não prestam atenção nele. Aliás, a partir do momento em que um homem cai nas mãos do aparelho penal até o momento em que ele sai – e aqueles que chamamos de excondenados, como aliás as prostitutas, praticamente não saem até a sua morte –, jamais é objeto de atenção. Tudo está combinado até os menores detalhes, até nas inflexões de voz, para fazer dele aos olhos de todos e aos seus próprios olhos uma coisa vil, um objeto de refugo. A brutalidade e a leviandade, os termos que expressam desprezo e as zombarias, a maneira de falar, a maneira de escutar e a maneira de não escutar, tudo é igualmente eficaz.

Não existe aí maldade desejada. É o efeito automático de uma vida profissional que tem como objeto o crime percebido sob forma de infortúnio, ou seja, sob a forma em que o horror da mácula é colocado a nu. Um tal contato, sendo ininterrupto, necessariamente contaminará, e a forma desta contaminação é o desprezo. Esse desprezo recai sobre cada acusado. O aparelho penal é uma espécie de aparelho de transmissão que fará recair sobre cada acusado toda a quantidade de sujeira contida em todos os meios onde habita o crime infeliz. Há no próprio contato com o aparelho penal uma espécie de horror diretamente proporcional à inocência, à parte da alma que permanece intacta. Aqueles que estão completamente podres não sofrem nenhum dano e tampouco sentem-se atormentados.

As coisas não podem se passar de outra maneira se não houver entre o aparelho penal e o crime algo que purifique as sujeiras. Esse algo só pode ser Deus. Apenas a pureza infinita não é contaminada pelo contato com o mal. Toda pureza finita, através desse contato prolongado, torna-se sujeira. Não importa de qual maneira nós reformemos o Código, o castigo não pode ser humano se ele não passar por Cristo.

O grau de severidade das penas não é o que existe de mais importante. Nas condições atuais, um condenado, apesar de culpado e submetido a uma pena relativamente clemente para com a sua falta, pode frequentemente ser visto como vítima de uma cruel injustiça. O importante é que a pena seja legítima, ou seja: proceda diretamente da lei; que a lei seja reconhecida como tendo um caráter divino, não pelo seu conteúdo, mas enquanto lei; que toda organização da justiça penal tenha como finalidade obter magistrados e seus ajudantes; que o acusado receba a atenção e o respeito devidos a qualquer homem submetido a julgamento e o consentimento à pena imposta; consentimento cujo modelo perfeito foi dado pelo Cristo inocente.

Uma condenação à morte por uma falta leve, infligida dessa maneira, seria menos horrível do que hoje em dia uma condenação a seis meses de prisão. Nada é mais horrível do que o tão frequente espetáculo de um acusado, não tendo na situação em que ele se encontra nenhum recurso ao mundo senão a palavra, mas incapaz de manejar a palavra por causa da sua origem social e da sua falta de cultura, abatido pela culpa, infortúnio e medo, balbuciando diante de juízes que não escutam e que o interrompem ostentando uma linguagem refinada.

Enquanto houver infelicidade na vida social, enquanto a esmola legal ou privada e o castigo forem inevitáveis, a separação entre as instituições civis e a vida religiosa será um crime. A ideia laica tomada em si é completamente falsa. Ela só tem alguma legitimidade como reação a uma religião totalitária. Com relação a esse assunto, é preciso confessar que ela é, por um lado, legítima.

Para poder ser como ela deveria ser, presente em todos os lugares, a religião não apenas não deve ser totalitária, como deve se limitar rigorosamente ao plano do amor sobrenatural, que é o único que lhe convém. Se ela fizesse isso, ela penetraria em todos os lugares. A Bíblia diz: "A sabedoria penetra em todo os lugares devido à sua pureza perfeita".

Pela ausência de Cristo, a mendicidade no sentido mais amplo e a realidade penal são talvez as coisas mais horríveis que existem sobre esta terra, duas coisas quase infernais. Podemos acrescentar a prostituição, que é para o verdadeiro casamento o que a esmola e o castigo sem caridade são para a esmola e o castigo justos.

O homem recebeu o poder de fazer o bem ou o mal não apenas ao corpo, mas à alma do seu semelhante, a toda alma em que Deus não está presente, em todos os lugares da alma que não são habitados por Deus nos outros. Se um homem habitado por Deus, pelo poder do mal ou simplesmente pelo mecanismo carnal, dá ou pune, o que ele carrega em si entra na alma do outro através do pão ou do ferro da espada. A matéria do pão e o ferro são virgens, vazios do bem e do mal, capazes indiferentemente de transmitir um ou outro. Aquele que a infelicidade obriga a receber o pão, a suportar o golpe, tem ao mesmo tempo a alma exposta, nua e sem defesa, tanto ao mal quanto ao bem.

Há um único meio de sempre receber o bem. É saber, não de maneira abstrata, mas com toda a alma, que os homens que não são animados pela pura caridade são engrenagens na ordem do mundo semelhantes à matéria inerte. A partir daí tudo vem diretamente de Deus, seja através do amor de um homem, através da inércia da matéria tangível ou psíquica, seja do espírito ou da água. Tudo o que aumenta a energia vital em nós é como o pão através do qual Cristo agradece os justos; todos os golpes, os ferimentos e as mutilações são como uma pedra lançada sobre nós pela própria mão de Cristo. Pão e pedra vêm de Cristo, e, ao penetrarem no interior de nosso ser, fazem entrar Cristo em nós. Pão e pedra são amor. Nós devemos comer o pão e nos oferecer à pedra de maneira que ela se enterre em nossa carne o mais fundo possível. Se tivermos uma armadura capaz de proteger nossa alma contra as pedras lançadas por Cristo, devemos tirá-la e jogá-la fora.

Amor pela ordem do mundo

O amor pela ordem do mundo, pela beleza do mundo é, assim, o complemento do amor ao próximo.

Ele procede da mesma renúncia, imagem da renúncia criadora de Deus. Deus faz existir este universo consentindo em não comandá-lo, apesar de ter o poder para isso, mas deixando reinar em seu lugar, de um lado, a necessidade mecânica ligada à matéria, aí compreendida a matéria psíquica da alma; do outro lado, a autonomia essencial às pessoas pensantes.

Pelo amor ao próximo nós imitamos o amor divino que nos criou, assim como todos os nossos semelhantes. Pelo amor à ordem do mundo imitamos o amor divino que criou este universo do qual fazemos parte.

Não se trata de o homem renunciar a comandar a matéria e as almas, pois ele não possui poder para isso. Contudo, Deus lhe conferiu uma imagem imaginária deste poder, uma divindade imaginária, para que ele também possa, mesmo sendo uma criatura, esvaziar-se da sua divindade.

Assim como Deus, que está fora do universo mas é ao mesmo tempo o centro deste universo, todo ser humano tem uma situação imaginária no centro do mundo. A ilusão da perspectiva o situa no centro do espaço; essa ilusão falsifica nele o sentido do tempo; e ainda uma outra ilusão parecida a esta dispõe à sua volta toda hierarquia de valores. Essa ilusão estende-se até mesmo ao sentimento da existência, devido à ligação íntima, em nós, do sentimento do valor ao sentimento do ser; este nos parece cada vez menos denso na medida em que está mais longe de nós.

Nós nos rebaixamos ao seu nível, ao nível da imaginação enganadora, a forma espacial dessa ilusão. Somos obrigados a isso; caso contrário, não perceberíamos um único objeto, sequer saberíamos como dar um único passo de maneira consciente. Assim, Deus nos dá o modelo da operação que deve transformar toda a nossa alma. Como ensinamos todas as crianças a diminuir, a reprimir essa ilusão no sentimento de espaço, devemos fazer o mesmo com relação ao sentimento de tempo, de valor, de ser. De outro modo, somos incapazes, em todos os aspectos diferentes da questão do espaço, de discernir um único objeto, de dirigir um único passo.

Estamos na irrealidade, no sonho. Renunciar à nossa situação central imaginária, renunciar não apenas pela inteligência, mas também na parte imaginativa da alma, é despertar para o real, para o eterno, ver a verdadeira luz, escutar o verdadeiro silêncio. Uma transformação se opera então na própria raiz da sensibilidade, na maneira imediata de receber as impressões sensíveis e as impressões psicológicas. Uma transformação análoga àquela que se produz quando, à noite, na estrada, no lugar onde acreditávamos ter percebido um homem abaixado, nós discernimos de repente uma árvore; ou quando, tendo acreditado ouvir um sussurrar, nós discernimos um farfalhar de folhas. Vemos as mesmas cores, ouvimos os mesmos sons, mas não da mesma maneira.

Esvaziar-se da falsa divindade, negar-se a si mesmo, renunciar a ser, pela imaginação, o centro do mundo, discernir todos os pontos do mundo como centros de mesmo valor e o verdadeiro centro como algo que está fora do mundo, é consentir com o reino da necessidade mecânica na matéria e da livre escolha no centro de cada alma. Esse consentimento é amor. A face desse amor voltada para as pessoas pensantes é caridade ao próximo; a face voltada para a matéria é amor pela ordem do mundo ou, o que é a mesma coisa, amor pela beleza do mundo.

Na Antiguidade, o amor pela beleza do mundo ocupava um grande lugar nos pensamentos e envolvia toda a vida de uma maravilhosa poesia. Isso aconteceu com todos os povos, na China, na Índia, na Grécia. O estoicismo grego, que foi algo maravilhoso e do qual o cristianismo primitivo era infinitamente próximo, sobretudo o pensamento de São João, versava quase exclusivamente sobre o amor pela beleza do mundo. Quanto a Israel, certas passagens do Antigo Testamento, nos Salmos, no Livro de Jó, em Isaías, nos livros sapienciais, encerram uma expressão incomparável sobre a beleza do mundo.

O exemplo de São Francisco mostra qual lugar a beleza do mundo pode ocupar em um pensamento cristão. Não apenas seu poema é o da poesia perfeita, mas toda a sua vida foi poesia perfeita em ação. Por exemplo, sua escolha dos lugares para os retiros solitários ou para a fundação de conventos eram, em si, a mais bela poesia em ação. A vida errante e a pobreza eram poesia para ele; ele ficou nu para estar em contato direto com a beleza do mundo.

Na obra de São João da Cruz encontramos também alguns belos versos sobre a beleza do mundo; mas de uma maneira geral, fazendo as reservas convenientes para os tesouros desconhecidos ou pouco conhecidos, talvez enterrados entre as coisas esquecidas da Idade Média, podemos dizer que a beleza do mundo está quase ausente da tradição cristã. Isso é estranho. A causa é de difícil compreensão. É uma lacuna terrível. Como o cristianismo teria direito de se dizer católico, se o próprio universo está ausente?

É verdade que se fala pouco da beleza do mundo no Evangelho. Mas nesse texto tão curto que, como diz São João, está muito longe de encerrar todos os ensinamentos de Cristo, os discípulos sem dúvida julgaram inútil colocar aquilo que dizia respeito a um sentimento tão difundido por todo lugar.

No entanto, esse tema é mencionado duas vezes. Na primeira vez, Cristo aconselha contemplar e imitar os lírios e os pássaros para observar sua indiferença para com o futuro, sua docilidade ao destino; em outra ocasião, Ele propõe que contemplemos e imitemos a distribuição indiscriminada da chuva e da luz do sol.

O Renascimento acreditou renovar os vínculos espirituais com a Antiguidade passando por cima do cristianismo, mas ele só tomou emprestado da Antiguidade os produtos secundários da sua inspiração: a arte, a ciência e a curiosidade para com as coisas humanas. O Renascimento apenas roçou a inspiração central. Ele não encontrou o contato com a beleza do mundo.

Nos séculos XI e XII houve o início de um renascimento que teria sido o verdadeiro se seus frutos tivessem conseguido amadurecer; ele começava a germinar, sobretudo no Languedoc. Certos versos dos trovadores sobre a primavera fazem pensar que, nesse caso, a inspiração cristã e o amor pela beleza do mundo talvez não estivessem separados. Aliás, o espírito occitano deixou sua marca na Itália e talvez não tenha sido estrangeiro à inspiração franciscana. Mas, por coincidência ou mais provavelmente devido à ligação de causa e efeito, esses germens só sobreviveram como vestígios à Guerra dos Albigenses.

Hoje em dia poderíamos acreditar que a raça branca quase perdeu a sensibilidade à beleza do mundo e que ela assumiu a tarefa de fazê-la desaparecer em todos os continentes onde colocou suas armas, seu comércio e sua religião. Como disse Cristo aos fariseus: "Infelizes de vós! Vós tirastes a chave do conhecimento; vós não entrais e não deixais entrar os outros".

E, no entanto, em nossa época, nos países de raça branca, a beleza do mundo é quase a única via pela qual podemos deixar Deus entrar. Pois nós estamos ainda bem mais afastados dos dois outros. O verdadeiro amor e o respeito pelas práticas religiosas são raros mesmo entre aqueles que são assíduos e diligentes e quase nunca se encontram entre as outras pessoas. A maioria sequer consegue conceber essa possibilidade. No que diz respeito ao uso sobrenatural do infortúnio, a compaixão e a gratidão não são apenas coisas raras, mas hoje em dia tornaram-se, praticamente para todos, características quase ininteligíveis. A própria ideia quase desapareceu; o próprio significado das palavras foi aviltado.

Em vez disso, o sentimento do belo, embora mutilado, deformado, maculado e corrompido, habita irredutivelmente no coração do homem como um poderoso motivo que impulsiona o ser humano para frente. Ele está presente em todas as preocupações da vida profana. Se ele fosse autêntico e puro, transportaria de uma só vez toda a vida profana aos pés de Deus, tornaria possível a encarnação total da fé.

Aliás, de uma maneira geral, a beleza do mundo é a via mais comum, a mais fácil, a mais natural.

Assim como Deus se precipita em toda alma desde que ela esteja entreaberta para amar e servir aos infelizes através de si, da mesma maneira Ele se precipita para amar e admirar a beleza sensível da sua própria criação através dela.

Mas o contrário é ainda mais verdadeiro. A inclinação natural da alma para amar a beleza é a armadilha mais frequentemente usada por Deus para abri-la ao sopro que vem do alto.

É a armadilha em que Coré caiu prisioneira. O perfume do narciso fazia sorrir o céu inteiro lá no alto, a terra inteira e toda a proeminência do mar. Bastou a pobre moça estender a mão para cair na armadilha. Ela caiu nas mãos do Deus vivo. Quando saiu, ela já tinha comido o grão de romã que a ligava para sempre a Ele. Ela não era mais virgem; ela era a esposa de Deus.

A beleza do mundo é o orifício do labirinto. O imprudente que, tendo entrado, dá alguns passos está, após um momento, sem condições de reencontrar o orifício. Esgotado, sem nada para comer ou beber, nas trevas, separado de seus próximos, de tudo que ele ama, de tudo que ele conhece, ele caminha sem nada saber, sem esperança, incapaz até mesmo de se dar conta se ele caminha de verdade ou se ele dá voltas no mesmo lugar. Mas esta infelicidade não é nada se comparada ao perigo que o ameaça. Pois, caso ele não perca a coragem, se ele continuar a caminhar, ele tem certeza de que chegará ao centro do labirinto. E ali, Deus o aguarda para devorá-lo. Mais tarde ele sairá, contudo ele estará mudado, terá se tornado um outro, tendo sido comido e digerido por Deus. Ele ficará, então, junto ao orifício para ali empurrar suavemente todos aqueles que se aproximarem.

A beleza do mundo não é um atributo da matéria em si. É uma relação do mundo com a nossa sensibilidade, essa sensibilidade que depende da estrutura do nosso corpo e da nossa alma. No *Micromegas*[7] de Voltaire, um infusório pensante não teria nenhum acesso à beleza da qual nos alimentamos no universo. Se esses seres existissem, é preciso ter fé de que o mundo será belo para eles também; mas seria um outro tipo de beleza. De todo modo, é preciso ter fé que o universo seja belo em todos os níveis e, de maneira geral, que haja plenitude da beleza em relação à estrutura corporal e psíquica de cada um dos seres pensantes que existem de fato e de todos os seres pensantes possíveis. É exatamente essa concordância de uma infinidade de belezas perfeitas que faz o caráter transcendente da beleza do mundo. No entanto, o que nós experimentamos dessa beleza foi destinado à nossa sensibilidade humana.

A beleza do mundo é a cooperação da sabedoria divina com a criação. "Zeus concluiu todas as coisas, diz um verso órfico, e Baco deu os retoques finais. O remate é a criação da beleza. Deus criou o universo, e seu Filho, nosso irmão mais velho, criou a beleza para nós. A beleza do mundo é o sorriso de ternura de Cristo para nós através da matéria. Ele está realmente presente na beleza universal. O amor por essa beleza procede de Deus, que desce em nossa alma e vai em direção ao Deus presente no universo. É algo parecido a um sacramento.

Isso só acontece com a beleza universal. Mas, com exceção de Deus, apenas o universo inteiro, pequeno, com uma inteira propriedade de termos, pode ser chamado de belo. Tudo o que está no universo é menos que o universo,

---

7. "*Micromegas, uma história filosófica*" de Voltaire é um conto filosófico publicado pela primeira vez em 1752, no qual ele convida o leitor a seguir seu herói extraterrestre, percorrer com ele a imensidão do espaço e visitar os planetas afastados. Ao longo dessa viagem extraordinária, Voltaire nos quer fazer refletir sobre suas preocupações essenciais [N.T.].

pode ser chamado de belo apenas quando esta palavra é usada além do seu significado rigoroso e aplicada às coisas que tomam indiretamente parte na beleza e a imitam.

Todas essas belezas secundárias são de valor infinito como aberturas à beleza universal. Mas se nos determos nelas, elas serão, pelo contrário, véus; e serão, então, corruptoras. Todas encerram mais ou mesmo essa tentação, mas em graus muito diversos.

Há também uma quantidade de fatores de sedução que são completamente estrangeiros à beleza, mas devido aos quais, por falta de discernimento, nós chamamos de belas as coisas onde elas residem. Pois eles atraem o amor pela fraude, e todos os seres humanos chamam de belo aquilo que amam. Todos os homens, mesmo os mais ignorantes, mesmo os mais vis, sabem que apenas a beleza tem direito ao nosso amor. Os mais autenticamente grandes também sabem disso. Nenhum homem está abaixo da beleza. Palavras que expressam a beleza superior vêm aos lábios de todos quando querem louvar aquilo que amam. Eles sabem discerni-la apenas razoavelmente bem.

A beleza é a única finalidade aqui embaixo. Como Kant disse muito bem, é uma finalidade que não contém nenhum fim. Uma coisa bela não contém nenhum bem, senão ela mesma, em sua totalidade, tal qual ela nos aparece. Vamos até ela sem saber o que perguntar. Ela nos oferece sua própria existência. Não desejamos outra coisa, possuímos isso e, no entanto, continuamos desejando. Ignoramos completamente o que seja. Gostaríamos de ver o que está por trás da beleza, mas ela é apenas a superfície. Ela é como um espelho que reflete nosso próprio desejo pelo bem. Ela é uma esfinge, um enigma, um mistério dolorosamente irritante. Gostaríamos de nos alimentar dela, mas ela é só um objeto a ser olhado, ela surge apenas a uma certa distância. A grande dor da vida humana é o fato de que olhar e comer sejam duas operações diferentes. Apenas do outro lado do céu, no país habitado por Deus, esta é uma única e mesma ação. Podemos constatar esse fato nas crianças: quando elas olham um bolo durante muito tempo e o comem quase se lamentando, sem poder, no entanto, deixar de comê-lo, elas vivenciam essa dor. Talvez os vícios, as depravações e os crimes sejam quase sempre ou até mesmo sempre, em sua essência, tentativas de devorar a beleza, comer aquilo que deveria ser apenas contemplado. Foi Eva quem começou. Se ela desgraçou a humanidade comendo um fruto, a atitude inversa, ou seja, olhar um fruto sem comê-lo, deveria ser aquilo que vai salvá-la. "Dois companheiros alados, diz um Upanishad, dois pássaros estão pousados sobre o galho de uma árvore. Um come as frutas, o outro as observa." Esses dois pássaros são as duas partes da nossa alma.

É por não conter nenhum fim que a beleza constitui a única finalidade aqui embaixo. Pois aqui embaixo não existem fins. Todas essas coisas que tomamos como fins são meios. Essa é uma verdade evidente. O dinheiro é um meio para comprar, o poder é um meio para comandar. Isso é o que acontece, de maneira mais ou menos visível, a tudo aquilo que chamamos de bens.

A beleza sozinha não é um instrumento para outra coisa. Ela é boa em si, mas não encontramos nela nenhum bem. Ela parece ser uma promessa, e não um bem. Contudo, ela dá apenas a si mesma, jamais outra coisa.

No entanto, como ela é a única finalidade, ela está presente em todas as coisas que os humanos vão ao encalço. Apesar de todos irem ao encalço apenas dos meios, pois tudo que existe aqui embaixo são somente os meios, a beleza lhes dá um brilho que os colore de finalidade. De outro modo, não poderia haver desejo nem, por conseguinte, energia no ato de ir ao encalço de alguma coisa.

Para o avarento do tipo Harpagon[8], toda a beleza do mundo está contida no ouro. E realmente o ouro, matéria pura e brilhante, tem algo de belo. O desaparecimento do ouro como moeda parece ter feito desaparecer também esse tipo de avareza. Hoje em dia, aqueles que acumulam sem gastar buscam o poder.

A maior parte daqueles que procuram a riqueza também tem o pensamento voltado para o luxo, que é a finalidade da riqueza. E o luxo é a própria beleza para toda uma espécie de homens. Ele constitui o único ambiente no qual eles podem sentir vagamente a beleza do universo; da mesma maneira que São Francisco, para sentir que o universo é belo, tinha necessidade de ser andarilho e mendicante. Tanto um quanto o outro meio seriam igualmente legítimos se em ambos os casos a beleza do mundo fosse experimentada de maneira tão direta, tão pura, tão plena; mas felizmente Deus quis que isso não se desse dessa maneira. A pobreza tem um privilégio. Essa é uma disposição providencial sem a qual o amor pela beleza do mundo estaria facilmente em contradição com o amor ao próximo. No entanto, o horror à pobreza – e toda diminuição de riqueza, ou mesmo o não crescimento, pode ser sentido como pobreza – é essencialmente horror à feiura. A alma que é impedida pelas circunstâncias de sentir alguma coisa da beleza do mundo, mesmo que seja de maneira confusa, mesmo através da mentira, é invadida até o âmago por uma espécie de horror.

---

8. Harpagon é um personagem da peça de teatro *O avarento*, de Molière [N.T.].

O amor pelo poder remete ao desejo de estabelecer uma ordem entre os homens e as coisas em volta de si, em um quadro grande ou pequeno, e essa ordem é desejável pelo efeito do sentimento do belo. Nesse caso, como no do luxo, trata-se de imprimir a um certo ambiente finito, mas que muitas vezes desejamos que cresça continuamente, um arranjo que dá a impressão de beleza universal. A causa da insatisfação e do desejo de crescimento é precisamente o desejo de entrar em contato com a beleza universal, mas o ambiente que organizamos não é o universo. Não apenas ele não é o universo, como também o oculta. O universo à nossa volta é como um cenário de teatro.

Valéry, no poema intitulado *Semíramis*, nos faz sentir o vínculo entre o exercício da tirania e o amor ao belo. Luís XIV, quando não estava em guerra, instrumento para o crescimento do poder, só se interessava por festas e arquitetura. A própria guerra, aliás, sobretudo a maneira como ela era travada outrora, toca de maneira viva e comovente a sensibilidade do belo.

A arte é uma tentativa de transportar para uma quantidade finita de matéria modelada pelo homem uma imagem da beleza infinita do universo inteiro. Se a tentativa tiver êxito, essa porção de matéria não ocultará o universo; pelo contrário, ela revelará a realidade à sua volta.

As obras de arte, que não são reflexos justos e puros da beleza do mundo, aberturas diretas sobre ele, não são, propriamente ditas, belas, pois elas não são de primeira ordem; seus autores podem ter muito talento, mas eles não possuem autenticamente a genialidade. Esse é o caso de muitas obras de arte, mesmo entre as mais célebres e mais elogiadas. Todo verdadeiro artista teve um contato real, direto, imediato, com a beleza do mundo; esse contato é semelhante a um sacramento. Toda obra de arte de primeira ordem foi inspirada por Deus, mesmo que o tema tenha sido mil vezes profano; no entanto, ele não inspirou nenhuma das outras. Em contrapartida, entre as outras, o brilho da beleza que recobre algumas obras de arte bem poderia ser um brilho diabólico.

A ciência tem como objeto de estudo a reconstrução teórica da ordem do mundo. A ordem do mundo com relação à estrutura mental, psíquica e corporal do homem; contrariamente às ilusões ingênuas de certos eruditos, nem o emprego dos telescópios e dos microscópios, nem o uso das fórmulas de álgebra mais singulares, nem mesmo o desprezo pelo princípio da não contradição, permitem que saiamos dos limites dessa estrutura. Aliás, isso não é desejável. O objeto da ciência é a presença da Sabedoria, de quem somos irmãos, no universo; a presença de Cristo na matéria que constitui o mundo.

Nós mesmos reconstruímos a ordem do mundo em imagem, a partir de dados limitados, rigorosamente definidos. Entre esses termos abstratos e, portanto, úteis para nós, estabelecemos vínculos concebendo relações. Assim, podemos contemplar em uma imagem, cuja própria existência é suspensa pelo ato da nossa atenção, a necessidade que é a própria substância do universo, mas que, como tal, se manifesta a nós apenas de maneira brusca.

Não contemplamos sem sentir algum amor. A contemplação dessa imagem da ordem do mundo estabelece um certo contato com a beleza do mundo, que é a ordem do mundo amado.

O trabalho físico estabelece um contato específico com a beleza do mundo, e, mesmo nos melhores momentos, esse contato é de uma tal plenitude, que nada igual pode ser encontrado em outro lugar. Para realmente admirar o universo o artista, o erudito, o pensador, o contemplativo devem atravessar essa película de irrealidade que o encobre e faz dele – para quase todos os seres humanos –, em quase todos os momentos da sua vida, um sonho ou um cenário de teatro. Eles deveriam poder atravessar essa película, mas frequentemente não conseguem. Aquele que tem os membros rompidos pelo esforço de uma jornada de trabalho, ou seja, uma jornada na qual ele foi submetido à matéria, carrega na sua carne, como um espinho, a realidade do universo. Para ele, a dificuldade é olhar e amar; caso isso aconteça, ele ama o real.

Esse é o imenso privilégio que Deus reservou aos seus pobres. Mas eles quase nunca se dão conta disso. Não lhes é dito. O excesso de cansaço, a preocupação assediante do dinheiro e a falta de verdadeira cultura impedem que se deem conta. Bastaria mudar pouca coisa em sua condição para lhes abrir o acesso a um tesouro. É dilacerante ver como, em muitos casos, seria fácil aos seres humanos dar aos seus semelhantes um tesouro, e como eles deixam passar os séculos sem se dar a esse trabalho.

Na época onde havia uma civilização popular da qual hoje nós colecionamos as migalhas como peças de museu que receberam o nome de folclore, o povo tinha sem dúvida acesso a esse tesouro. A mitologia, que é um parente muito próximo do folclore, também é testemunha, se conseguirmos decifrar a poesia.

O amor carnal sob todas as formas, da mais elevada, verdadeiro casamento ou amor platônico, até chegar à mais baixa, a devassidão, tem como objeto a beleza do mundo. O amor que se dirige ao espetáculo dos céus, das planícies, do mar, das montanhas, do silêncio da natureza que se tornou sensível pelos seus mil barulhos leves, aos sopros do vento, ao calor do sol, esse amor que todo ser humano pressente ao menos vagamente em algum momento, é um amor incompleto, doloroso, pois ele se dirige a coisas incapazes de responder, ele se dirige à matéria. Os seres humanos desejam transferir esse mesmo amor a um ser que seja seu semelhante, capaz de responder ao amor, de dizer sim, de entregar-se. O sentimento de beleza por vezes relacionado ao aspecto de um ser humano torna essa transferência possível, ao menos de maneira ilusória. Mas o desejo dirige-se à beleza do mundo, à beleza universal.

Essa espécie de transferência é expressada em toda a literatura que abrange o amor, desde as metáforas e as comparações mais antigas e mais corriqueiras da poesia até as análises sutis de Proust.

Em um ser humano, o desejo de amar a beleza do mundo é essencialmente o desejo da encarnação. É devido ao erro que ele acredita ser outra coisa. Apenas a Encarnação pode satisfazê-lo. Da mesma maneira, é por engano que às vezes criticamos os místicos por usarem a linguagem dos apaixonados. Eles são os legítimos proprietários desse tipo de linguagem. Os outros só têm o direito de tomar essa linguagem emprestada.

Se o amor carnal em todos os níveis inclina-se, mais ou menos, em direção à beleza – e as exceções talvez sejam apenas aparentes – é porque a imaginação faz da beleza em um ser humano algo equivalente à ordem do mundo.

É por essa razão que os pecados nesse campo são graves. Eles constituem uma ofensa a Deus pelo próprio fato de a alma estar inconscientemente buscando a Deus. Aliás, todos eles conduzem a um único pecado, que consiste em querer, algumas vezes mais outras menos, dispensar o consentimento. Entre todos os crimes humanos, este é o mais hediondo. O que poderia existir de mais horrível do que não respeitar o consentimento de um ser em quem buscamos, mesmo sem saber, um equivalente de Deus?

Continua sendo crime, apesar de menos grave, contentar-se com um consentimento saído de uma região baixa ou superficial da alma. Quer haja ou não união carnal, a troca de amor é ilegítima se de ambos os lados o consentimento não proceder desse ponto central da alma onde o sim só pode ser eterno. A obrigação do casamento, que hoje em dia é frequentemente vista como uma simples convenção social, está inscrita na própria natureza do pensamento humano pela afinidade existente entre o amor carnal e a beleza. Tudo onde há uma relação com a beleza deve ser subtraído ao curso do tempo. A beleza é a eternidade aqui embaixo.

Não é de surpreender que o homem tenha, tão frequentemente, na tentação, o sentimento de um absoluto que o ultrapassa infinitamente e ao qual não é possível resistir. O absoluto está bem ali. Mas cometemos um erro acreditando que ele reside no prazer.

O erro é o efeito desta transferência de imaginação, que é o mecanismo capital do pensamento humano. O escravo mencionado por Jó, que na morte deixará de escutar a voz do seu mestre, acredita que essa voz lhe machuca. Isso é muito verdadeiro. A voz lhe faz mal demais e o machuca. No entanto, isso é um erro. A voz por si mesma não é dolorosa. Se ele não fosse escravo, ela não lhe causaria aflição alguma. Mas como ele é escravo, a dor e a brutalidade das chicotadas entram junto com a voz pelo ouvido e chegam até o fundo da alma. Ele não pode fazer obstáculo a isso. O infortúnio atou esse vínculo.

Da mesma maneira, o ser humano que acredita ser dominado pelo prazer é dominado, em realidade, pelo absoluto que ele hospedou. Esse absoluto é para o prazer o que os golpes de chicote são para a voz do mestre; mas aqui, a ligação não é o efeito do infortúnio, é o efeito de um crime inicial, um crime de idolatria. São Paulo observou a relação existente entre o vício e a idolatria.

Aquele que abrigou o absoluto no prazer não consegue deixar de ser dominado por ele. O homem não luta contra o absoluto. Aquele que soube abrigar o absoluto fora do prazer possui a perfeição da temperança.

As diferentes espécies de vícios, o uso de entorpecentes no sentido literal ou metafórico do termo, tudo isso constitui a busca de um estado em que a beleza do mundo seja sensível. O erro consiste precisamente na busca de um estado especial. A falsa mística também é um aspecto desse erro. Se o erro estiver suficientemente entranhado na alma, o homem não poderá deixar de sucumbir a ele.

De maneira geral, todos os gostos dos homens, dos mais culpados até os mais inocentes, dos mais comuns até os mais extravagantes, têm relação com um conjunto de circunstâncias, com um ambiente no qual lhes parece ser possível ter acesso à beleza do mundo. O privilégio deste ou daquele conjunto de circunstâncias é devido ao temperamento, às marcas da vida passada, a causas frequentemente impossíveis de serem conhecidas.

Há apenas um caso, aliás frequente, no qual a atração pelo prazer sensível não é a atração pelo contato com a beleza; é quando ele procura, pelo contrário, refugiar-se dela.

A alma busca apenas o contato com a beleza do mundo ou, em um nível ainda mais elevado, com Deus; mas, ao mesmo tempo, ela foge desse contato. Quando a alma foge de alguma coisa, ela foge sempre, seja do horror da feiura, seja do contato com aquilo que é realmente puro. Pois tudo o que é medíocre foge da luz; e em todas as almas, exceto aquelas que estão próximas da perfeição, há uma grande parte que é medíocre. Essa parte é tomada de pânico todas as vezes em que surge um pouco de beleza pura, de bem puro; ela se esconde atrás da carne, ela a utiliza como um véu. Assim como um povo belicoso precisa, para ter sucesso nas suas empreitadas conquistadoras, recobrir sua agressão com um pretexto qualquer, sendo a qualidade do pretexto, aliás, totalmente indiferente, da mesma maneira a parte medíocre da alma precisa de um leve pretexto para fugir da luz. A atração pelo prazer e o medo da dor fornecem esse pretexto. Aqui não é o prazer, mas o absoluto que domina a alma; no entanto, não mais como objeto de atração, mas como objeto de repulsa. Muito frequentemente também, na busca do prazer carnal, os dois movimentos se combinam: o movimento de correr em direção à beleza pura e o movimento de fugir para longe dela, em um encadeamento indiscernível.

Nas ocupações humanas, quaisquer sejam elas, a preocupação com a beleza do mundo, percebida nas imagens mais ou menos disformes ou maculadas, jamais está ausente. Consequentemente, não há na vida humana uma região que seja do domínio da natureza. O sobrenatural está presente em todo lugar em segredo; a graça e o pecado mortal estão em todo lugar sob mil formas diversas.

Entre Deus e essas buscas parciais, inconscientes, por vezes criminosas, da beleza, a única mediação é a beleza do mundo. O cristianismo só será encarnado quando for acrescentado a ele o pensamento estoico, a piedade filial pela cidade do mundo, pela pátria aqui embaixo, que é o universo. No dia em que, em consequência de um mal-entendido de difícil compreensão atualmente, o cristianismo se separou do estoicismo, ele se condenou a uma existência abstrata e em separado.

Mesmo as realizações mais elevadas da busca pela beleza, por exemplo, na arte ou na ciência, não são realmente belas. A única beleza real, a única beleza que é presença real de Deus, é a beleza do universo. Nada que seja menor do que o universo é belo.

O universo é belo como seria bela uma obra de arte perfeita se pudesse existir uma que merecesse esse nome. Assim, ele não contém nada que possa constituir um fim ou um bem. Ele não contém nenhuma finalidade, além da própria beleza universal. Com relação a este universo, é a verdade essencial que deve ser conhecida, pois o universo é absolutamente vazio de finalidade. Nenhuma correlação de finalidade é aplicável ao universo, senão por mentira ou erro.

Em um poema, se perguntarmos por que tal palavra está em tal lugar, caso haja uma resposta, ou é porque o poema não é de primeira ordem, ou o leitor não compreendeu nada. Se pudermos dizer legitimamente que a palavra está onde está para expressar tal ideia, ou devido à ligação gramatical, ou pela rima, ou por uma aliteração, ou para preencher o verso, ou por uma certa coloração, ou até mesmo por diversos motivos desse tipo ao mesmo tempo, houve uma busca pelo efeito na composição do poema; não houve uma verdadeira inspiração. Para que um poema seja realmente belo, a única resposta é que a palavra está ali porque era conveniente que ela estivesse ali. A prova é que a palavra está ali e o poema é belo. O poema é belo, ou seja, o leitor não quer que ele seja diferente.

É dessa maneira que a arte imita a beleza do mundo. A conveniência das coisas, dos seres, dos acontecimentos consiste apenas nisto: eles existem e nós não devemos desejar que eles não existam ou que eles sejam diferentes. Tal desejo é uma impiedade para com nossa pátria universal, uma deficiência ao amor estoico do universo. Somos constituídos de uma tal maneira, que torna este amor de fato possível; e é essa possibilidade que recebe o nome de beleza do mundo.

A questão de Beaumarchais: "Por que essas coisas, e não outras?" não tem resposta, pois o universo é vazio de finalidade. A ausência de finalidade é o reino da necessidade. As coisas têm causas, e não fins. Aqueles que acreditam discernir os destinos particulares da Providência assemelham-se aos professores que se entregam, às custas de um belo poema, àquilo que chamam de interpretação do texto.

Na arte, o equivalente a esse reino da necessidade é a resistência da matéria e as regras arbitrárias. Na escolha das palavras, a rima impõe ao poeta uma direção absolutamente sem relação com a sequência das ideias. Ela tem na poesia uma função talvez análoga à do infortúnio na vida. O infortúnio nos força a sentir com toda a alma a ausência de finalidade.

Se a orientação da alma for o amor, quanto mais contemplarmos a necessidade – mais a apertarmos contra nós com igual intensidade, seja a carne, a dureza ou o frio metálicos – tanto mais nos aproximaremos da beleza do mundo. Essa é a vivência de Jó. Como ele foi muito honesto no sofrimento e por não admitir em si nenhum pensamento suscetível a alterar a verdade, Deus desceu e foi até ele para revelar-lhe a beleza do mundo.

Assim como a ausência de finalidade, a ausência de intenção é a essência da beleza do mundo; Cristo prescreveu que observássemos a maneira como a chuva e a luz do sol caem indiscriminadamente sobre os justos e os maus. Isso nos lembra o grito supremo de Prometeu:

"Céu por quem, para todos, a luz comum gira". Cristo ordena que imitemos essa beleza. No *Timeu*, Platão também aconselha a nos tornarmos, por força de contemplação, semelhantes à beleza do mundo, semelhantes à harmonia dos movimentos circulares que fazem suceder e voltar os dias e as noites, os meses, as estações, os anos. Da mesma forma, nesses movimentos circulares e na sua combinação, a ausência de intenção e de finalidade é manifesta; e a beleza pura ali resplandece.

O universo é uma pátria, pois ele pode ser amado por nós e é belo. É a nossa única pátria aqui embaixo. Esse pensamento é a essência da sabedoria dos estoicos. Temos uma pátria celeste. Mas em um certo sentido ela é difícil demais de ser amada, pois nós não a conhecemos; contudo, em outro sentido, ela é fácil demais de amar, pois podemos imaginá-la como nos aprouver. Corremos o risco de amar uma ficção sob este nome. Se o amor por esta ficção for forte o suficiente, ele tornará toda a virtude fácil, mas também terá pouco valor. Amemos a pátria aqui embaixo. Ela é real; ela resiste ao amor. É ela que Deus nos deu para ser amada. Ele quis que fosse difícil e, no entanto, possível amá-la.

Nós nos sentimos estrangeiros aqui embaixo, desenraizados, em exílio. Da mesma maneira, Ulisses, que os marinheiros tinham transportado durante seu sono, acordou em um país desconhecido enquanto desejava Ítaca com um desejo que lhe despedaçava a alma. Igualmente, todo homem que deseja infatigavelmente a sua pátria, que não se deixa distrair do seu desejo nem por Calipso nem pelas sereias, se dá conta, um dia, que ele está na sua pátria.

A imitação da beleza do mundo – a resposta à ausência de finalidade, de intenção, de critério, de discriminação – é a ausência de intenção em nós, é a renúncia à vontade própria. Ser perfeitamente obediente é ser perfeito como nosso Pai celeste é perfeito.

Entre os homens, um escravo não se torna semelhante ao seu mestre obedecendo-lhe. Pelo contrário, quanto mais ele é submisso, maior é a distância entre ele e aquele que o comanda.

Algo diverso acontece entre o ser humano e Deus. Uma criatura sensata torna-se, tanto quanto possível, a imagem perfeita do Todo-poderoso se ela for totalmente obediente.

Aquilo que no homem é feito à própria imagem de Deus, é algo que em nós está vinculado ao fato de sermos uma pessoa, mas não é este o fato em si. É a faculdade de renúncia à pessoa. É a obediência.

Todas as vezes que um homem se eleva a um grau de excelência que faz dele um ser divino por participação, surge algo impessoal, anônimo. Sua voz envolve-se de silêncio. Isso está manifestado nas grandes obras de arte e no pensamento, nas grandes ações dos santos e nas suas palavras.

Portanto, em um certo sentido, é verdadeiro que seja preciso conceber Deus como impessoal, no sentido de que Ele é o modelo divino de uma pessoa que vai além de si renunciando a si. Concebê-lo como uma pessoa todo-poderosa, ou, sob o nome de Cristo, como uma pessoa humana, é excluir-se do verdadeiro amor de Deus. É por isso que é preciso amar a perfeição do Pai celeste na difusão igual da luz do sol. A obediência é o modelo divino, absoluto dessa renúncia em nós; este é o princípio criador e ordenador do universo, esta é a plenitude do ser.

A renúncia a ser uma pessoa faz do homem o reflexo de Deus; portanto, é terrível reduzir os homens ao estado de matéria inerte jogando-os no infortúnio. Com a qualidade de pessoa humana, nós lhe tiramos a possibilidade de renunciar ao estado de matéria inerte, com exceção daqueles que já estão suficientemente preparados. Assim como Deus criou nossa autonomia para que tenhamos a possibilidade de renunciar a ela por amor, pela mesma razão nós devemos querer a conservação da autonomia entre nossos semelhantes. Aquele que é perfeitamente obediente acredita que a faculdade da livre-escolha existente nos seres humanos é infinitamente preciosa.

Da mesma maneira, não há contradição entre o amor pela beleza do mundo e a compaixão. Esse amor não impede que soframos por nós mesmos quando estamos infelizes. Ele tampouco impede de sofrermos porque outros estão infelizes. Ele está em um outro nível do que o sofrimento.

O amor pela beleza do mundo, sendo universal, atrai, como amor secundário e subordinado a si, o amor por todas as coisas realmente preciosas que a má fortuna pode destruir. As coisas realmente preciosas são aquelas que formam níveis voltados para a beleza do mundo, abertura sobre elas. Aquele que foi mais longe, que chegou à beleza do mundo em si, não traz um amor menor, traz um amor muito maior do que antes.

As realizações puras e autênticas da arte e da ciência pertencem a essa espécie. De uma maneira muito mais geral, é tudo que envolve de poesia a vida humana, através de todas as camadas sociais. Todo ser humano está enraizado aqui embaixo por uma certa poesia terrestre, reflexo da luz celeste, que é seu vínculo mais ou menos vagamente sentido com a sua pátria universal. A infelicidade é o desenraizamento.

Sobretudo as cidades humanas, cada uma mais ou menos de acordo com seu grau de perfeição, envolvem de poesia a vida dos seus habitantes. Elas são imagens e reflexos da cidade do mundo. Quanto ao resto, quanto mais elas têm a forma de nação, quanto mais elas pretendem ser pátrias, tanto mais elas são imagens disformes e maculadas daquilo que elas gostariam de ser. Mas destruir cidades, seja materialmente, seja moralmente, ou excluir seres humanos da cidade precipitando-os entre os dejetos sociais, é cortar todo vínculo de poesia e amor existente entre as almas humanas e o universo. É mergulhá-los à força no horror e na feiura. Não há, portanto, crime maior. Todos nós tomamos parte, por cumplicidade, em uma quantidade quase inumerável de tais crimes. Se pudéssemos compreender, todos nós iríamos chorar lágrimas de sangue.

Amor pelas práticas religiosas

O amor pela religião instituída, apesar do nome de Deus ter que estar necessariamente presente, não é, no entanto, um amor explícito, mas implícito por Deus, pois ele não encerra um contato direto, imediato com Deus. Deus está presente nas práticas religiosas quando elas são puras, da mesma maneira que está presente no próximo e na beleza do mundo; isso não quer dizer que Ele esteja mais presente nas práticas religiosas.

A forma que o amor pela religião ocupa na alma difere muito segundo as circunstâncias da vida. Certas circunstâncias impedem que esse amor nasça ou, então, ele é morto antes de poder tomar muita força. Certos homens contraem na infelicidade, apesar de si mesmos, o ódio e o desprezo pela religião, pois a crueldade, o orgulho e a corrupção de alguns dos seus ministros os fazem sofrer.

Outros foram criados desde a sua infância em um meio impregnado desse espírito. É preciso pensar que em tal caso, pela misericórdia de Deus, o amor ao próximo e o amor pela beleza do mundo, se forem fortes e puros o bastante, são suficientes para conduzir a alma a qualquer altura.

Normalmente, o amor pela religião instituída tem como objeto a religião dominante do país ou do meio onde a pessoa foi criada. Devido a um hábito que penetrou na alma ao longo da vida, é na religião instituída que todo ser humano pensa em primeiro lugar todas as vezes em que ele pensa em um serviço de Deus.

A virtude das práticas religiosas pode ser inteiramente concebida segundo a tradição budista relativa à recitação do nome do Senhor. Dizem que Buda teria feito voto de elevar até ele, até o País da Pureza, todos aqueles que recitassem seu nome com o desejo de serem salvos por ele. Devido a esse voto, a recitação do nome do Senhor tem realmente a virtude de transformar a alma.

A religião nada mais é do que essa promessa de Deus. Toda prática religiosa, todo rito, toda liturgia é uma forma de recitação do nome do Senhor, e deve em princípio ter realmente uma virtude; a virtude de salvar quem quer que se dedique a essa recitação com o desejo de ser salvo.

Todas as religiões pronunciam em sua língua o nome do Senhor. Normalmente, é melhor para um ser humano chamar Deus em sua língua natal ao invés de invocá-lo em uma língua estrangeira. Salvo exceções, a alma é incapaz de abandonar-se completamente se ela tiver que se impor o leve esforço de buscar as palavras de uma língua estrangeira, mesmo sendo bem conhecida.

Um escritor cuja língua natal é pobre, pouco manejável e pouco difundida no mundo, é muito fortemente tentado a adotar uma outra. Há alguns casos de sucesso avassalador, como Conrad[9], mas são muito raros. Salvo exceção, uma tal mudança faz mal, degrada o pensamento e o estilo; o escritor permanece medíocre e pouco à vontade na língua adotada.

Para a alma, uma mudança de religião é como uma mudança de língua para o escritor. É verdade que nem todas as religiões são igualmente aptas à recitação correta do nome do Senhor. Certas línguas são, sem dúvida, intermediários muito imperfeitos. Por exemplo, é preciso que a religião de Israel tenha sido um intermediário realmente muito imperfeito para que se tenha conseguido crucificar Cristo. A religião romana não mereceria talvez, em nível algum, receber o nome de religião.

Mas, de uma maneira geral, a hierarquia das religiões é uma coisa muito difícil de discernir, quase impossível, talvez realmente impossível. Pois conhece-se uma religião a partir do interior. Os católicos fazem essa afirmação sobre o catolicismo, mas isso é verdade para todas as religiões. A religião é um alimento. É difícil apreciar pelo olhar o sabor e o valor nutritivo de um alimento que nunca tínhamos comido.

A comparação das religiões só é possível, em uma certa medida, pela virtude milagrosa da simpatia. Podemos, até um certo ponto, conhecer os seres humanos se, ao mesmo tempo em que os observamos externamente, transmitimos para eles nossa própria alma por força da simpatia. Da mesma maneira, o estudo das diferentes religiões só conduz ao conhecimento se nos transportarmos

---

9. Referência a Joseph Conrad (nascido Józef Teodor Konrad Korzeniowski), de origem polonesa, que só passou a dominar o inglês depois dos 20 anos e se tornou um dos maiores novelistas em língua inglesa [N.T.].

durante um tempo, através da fé, ao próprio centro daquilo que estudamos. Pela fé no sentido mais forte da palavra.

Isso quase nunca acontece, pois alguns não possuem fé alguma; outros têm fé exclusivamente em uma religião e dão às outras apenas o tipo de atenção que damos às conchas de formato estranho. Outros ainda acreditam ser capazes de imparcialidade por possuírem uma vaga religiosidade que eles rodam indiferentemente para qualquer lado. É preciso, pelo contrário, ter consagrado toda a sua atenção, toda a sua fé, todo seu amor a uma religião particular para poder pensar em outras religiões com o mais elevado grau de atenção, fé e amor que ela comporta. Da mesma maneira, são as pessoas capazes de amizade, não as outras, que podem interessar-se de todo coração pelo destino de um desconhecido.

Em todos os campos, o amor só é real se for dirigido a um objeto particular; ele torna-se universal sem deixar de ser real apenas pelo efeito da analogia e da transferência.

Devemos mencionar de passagem que o conhecimento da analogia e da transferência têm assim uma relação direta com o amor; a Matemática, as diversas ciências e a Filosofia foram uma preparação para receber esse conhecimento.

Hoje em dia, na Europa e talvez até mesmo no mundo inteiro, o conhecimento comparado das religiões é quase nulo. Não temos sequer a noção da possibilidade de um tal conhecimento. Mesmo sem os preconceitos que criam obstáculos, o pressentimento desse conhecimento já é algo muito difícil. Existem entre as diferentes formas de vida religiosa, como compensação parcial das diferenças visíveis, certas equivalências ocultas que talvez o discernimento mais aguçado possa apenas entrever. Cada religião é uma combinação original de verdades explícitas e de verdades implícitas; o que é explicito em uma está implícito na outra. A adesão implícita a uma verdade pode por vezes ter tanta virtude quanto uma adesão explícita e algumas vezes até mesmo muito mais. Apenas quem conhece o segredo dos corações conhece também o segredo das diferentes formas de fé. Ele não nos revelou este segredo, não importa o que dissermos.

Quando nascemos em uma religião que não é por demais imprópria à pronunciação do nome do Senhor, quando amamos essa religião natal com um amor bem orientado e puro, é difícil conceber um motivo legítimo para abandoná-la, antes que um contato direto com Deus submeta a alma à própria vontade divina. Além desse limiar, a mudança só é legítima pela obediência. A história mostra que, de fato, isso raramente acontece. De maneira mais frequente, a alma que chegou às mais elevadas regiões espirituais é confirmada no amor da tradição que lhe serviu de escada (estamos falando de possibilidades).

Se a imperfeição da religião natal for grande demais, ou se ela aparecer no meio natal sob uma forma corrompida demais, ou ainda se as circunstâncias impedirem o nascimento ou matarem o amor por essa religião, a adoção de uma religião estrangeira será legítima. Legítima e necessária para alguns, mas sem dúvida não para todos. O mesmo acontece com aqueles que foram educados sem nenhuma prática religiosa.

Em todos os outros casos, mudar de religião é uma decisão extremamente grave e é ainda mais grave incitar outra pessoa a fazê-lo. E exercer uma pressão oficial em países conquistados para que o povo mude de religião, é infinitamente mais grave.

Em contrapartida, apesar das divergências religiosas que existem nos territórios da Europa e da América, podemos dizer que em direito, direta ou indiretamente, de perto ou de longe, a religião católica é o ambiente espiritual natal de todos os homens da raça branca.

A virtude das práticas religiosas consiste na eficácia do contato com aquilo que é perfeitamente puro para que o mal seja destruído. Nada aqui embaixo é perfeitamente puro, senão a beleza total do universo, que não está em nosso poder sentir diretamente antes de termos avançado muito em direção à perfeição. Essa beleza total, aliás, não está contida em nada de sensível, apesar de ela ser sensível em um certo sentido.

As coisas religiosas são coisas sensíveis particulares, existentes aqui embaixo, e, no entanto, são perfeitamente puras, mas não à sua própria maneira. A igreja pode ser feia, os cantos desafinados, o padre corrompido e os fiéis distraídos. Em um certo sentido, isso não tem importância alguma. É por essa razão que se um geômetra, para ilustrar uma demonstração correta, traçar uma figura onde as retas são tortas e os círculos alongados, isso não tem importância alguma. As coisas religiosas são puras por direito; teoricamente, por hipótese, por definição, por convenção. Assim, sua pureza é incondicionada. Nenhuma mácula pode atingi-la. Por essa razão, ela é perfeita. Mas não perfeita como a jumenta de Roland, que, com todas as virtudes possíveis, tinha o inconveniente de não existir. As convenções humanas não têm eficácia, a menos que a elas se unam coisas moventes que impulsionem o ser humano a observá-las. Em si mesmas, elas são simples abstrações; são irreais e nada operam. Mas a convenção segundo a qual as coisas religiosas são puras é ratificada pelo próprio Deus. Portanto, uma convenção eficaz é uma convenção que encerra uma virtude, que por si mesma opera alguma coisa. Essa pureza é incondicionada e perfeita, e, ao mesmo tempo, real.

Eis aí uma verdade de fato, que consequentemente não é suscetível à demonstração. Ela só é suscetível à verificação experimental.

De fato, a pureza das coisas religiosas é manifestada em praticamente todo lugar sob a forma de beleza, quando a fé e o amor não faltam. Assim, as palavras da liturgia são maravilhosamente belas; e sobretudo a oração saída dos próprios lábios de Cristo para nós é perfeita. Da mesma maneira, a arquitetura romana e o canto gregoriano são maravilhosamente belos.

Mas no próprio centro existe algo que é inteiramente desprovido de beleza, onde nada faz com que a pureza se manifeste, uma coisa que é somente convenção. É preciso que seja assim. A arquitetura, os cantos, a linguagem, mesmo que as palavras sejam reunidas por Cristo, isso não é pureza absoluta, é outra coisa. A pureza absoluta presente nos nossos sentidos terrestres como coisa particular aqui embaixo só pode ser uma convenção, e nada mais. Essa convenção colocada no ponto central é a Eucaristia.

O absurdo do dogma da presença real constitui a virtude. Com exceção do simbolismo tão comovente do alimento, não há nada em um pedaço de pão que o pensamento voltado a Deus possa se agarrar. Cristo só pode estar presente em um tal objeto por convenção. Assim, Ele pode estar perfeitamente presente. Deus só pode estar presente aqui embaixo em segredo. Sua presença na Eucaristia é verdadeiramente secreta, já que nenhuma parte do nosso pensamento é admitida no segredo. Então, Ele é total.

Ninguém sonha em se surpreender ao ver que as racionalizações efetuadas acerca de retas e círculos perfeitos que não existem tenham aplicações práticas na técnica. No entanto, isso é incompreensível. A realidade da presença divina na Eucaristia é mais maravilhosa, mas não mais incompreensível.

Em um certo sentido, poderíamos dizer, por analogia, que o Cristo está presente na hóstia consagrada por hipótese, da mesma maneira que um geômetra diz que, por hipótese, há dois ângulos iguais em um determinado triângulo.

Por se tratar de uma convenção, só a forma da consagração importa, não o estado espiritual daquele que consagra.

Se não fosse uma convenção, seria uma coisa ao menos parcialmente humana, não totalmente divina. Uma convenção real é uma harmonia sobrenatural, tomando a harmonia no sentido pitagórico do termo.

Apenas uma convenção pode ser, aqui embaixo, a perfeição da pureza, pois toda pureza não convencional é mais ou menos imperfeita. É um milagre da misericórdia divina que uma convenção possa ser real.

A noção budista da recitação do nome do Senhor tem o mesmo conteúdo, pois um nome também é uma convenção. No entanto, o hábito de confundir as coisas em nossos pensamentos com os seus nomes faz com que nos esqueçamos facilmente. A Eucaristia é convencional em um grau mais elevado.

Mesmo a presença humana e carnal de Cristo não seria a pureza perfeita, pois Ele culpou aquele que o chamava de bom, dizendo: "É vantajoso para vós que eu me vá". Portanto, aparentemente ele não está mais completamente presente em um pedaço de pão consagrado. Sua presença é mais completa quanto mais secreta ela for.

No entanto, essa presença foi sem dúvida ainda mais completa, e também ainda mais secreta, em seu corpo carnal, no momento em que a polícia capturou este corpo como se Ele fosse um ex-condenado da justiça. Mas Ele foi então abandonado por todos. Ele era presente demais. Isso não é algo sustentável para os homens.

A convenção da Eucaristia ou qualquer outra analogia é indispensável ao homem; a presença sensível da pureza perfeita lhe é indispensável. Pois o homem só pode dirigir a plenitude da sua atenção a uma coisa sensível. E por vezes ele precisa dirigir sua atenção à pureza perfeita. Apenas esse ato pode lhe permitir, por um ato de transferência, destruir uma parte do mal que está nele. É por essa razão que a hóstia é realmente o Cordeiro de Deus que tira o pecado do mundo.

Todo mundo sente o mal em si, tem horror disso e gostaria de se livrar dele. Fora de nós vemos o mal sob duas formas distintas: sofrimento e pecado. Mas no sentimento que temos de nós mesmos essa distinção não aparece senão de maneira abstrata e pelo reflexo. Sentimos algo que não é nem sofrimento nem pecado, que são ambas as coisas ao mesmo tempo, a raiz comum aos dois; uma mistura indistinta dos dois, ao mesmo tempo mácula e dor. É o mal em nós. É a feiura em nós. Enquanto a sentirmos, ela nos causará horror. A alma a rejeita como se a vomitássemos. Ela a conduz por uma ação de transferência às coisas que nos cercam. Mas o mal que tínhamos colocado sobre as coisas, e que dessa maneira tornaram-se feias e maculadas aos nossos olhos, nos são devolvidas e retornam a nós. Elas voltam aumentadas. Nessa troca, o mal que está em nós cresce. Temos, portanto, a impressão de que os próprios lugares onde estamos, o próprio meio onde vivemos nos aprisionam ao mal cada vez mais. Essa é uma terrível angústia. Quando, esgotada por esta angústia, a alma deixa até mesmo de senti-la, há pouca esperança de salvação para ela.

É dessa forma que um doente é tomado de ódio e desgosto pelo seu quarto e por aqueles que o cercam, assim como um condenado na prisão e, frequentemente, um operário na sua fábrica.

De nada adianta oferecer belas coisas às pessoas que são dessa maneira. Pois não há nada que não acabe sendo maculado até, com o tempo, chegar ao horror devido a essa ação de transferência.

Apenas a pureza perfeita não pode ser maculada. Se no momento em que a alma for invadida pelo mal, a atenção recair sobre uma coisa perfeitamente pura, ali transferindo uma parte do mal, essa coisa não será alterada. Ela não devolverá o mal. Assim, cada minuto de uma tal atenção realmente destrói um pouco do mal.

O que os hebreus tentaram realizar, por meio de uma espécie de magia, em seu ritual do bode expiatório, só pode ser operado aqui embaixo pela pureza perfeita. O verdadeiro bode expiatório é o Cordeiro.

No dia em que um ser perfeitamente puro concentrou-se aqui embaixo sob forma humana, automaticamente a maior quantidade possível de mal difuso em torno dele se concentrou à sua volta em forma de sofrimento. Nessa época, no Império Romano, a maior infelicidade e o maior crime dos homens eram a escravidão. Por essa razão, Ele suportou o suplício, que era o grau extremo do infortúnio da escravidão. Essa transferência constituiu misteriosamente a Redenção.

Da mesma maneira, quando um ser humano pousa seu olhar e sua atenção sobre o Cordeiro de Deus presente no pão consagrado, uma parte do mal que ele contém em si recai sobre a pureza perfeita e ali é destruído.

Ao invés de falarmos em destruição, melhor seria falarmos em transmutação. O contato com a pureza perfeita dissocia a mistura indissolúvel do sofrimento e do pecado. A parte do mal contida na alma que foi queimada no fogo desse contato torna-se apenas sofrimento, e sofrimento impregnado de amor.

Da mesma maneira, todo mal difundido no Império Romano, que se concentrou sobre Cristo, tornou-se nele apenas sofrimento.

Se não houvesse aqui embaixo pureza perfeita e infinita, se só houvesse pureza finita que o contato do mal esgotasse com o tempo, nós jamais poderíamos ser salvos.

A justiça penal dá uma ilustração horrível dessa verdade. Em princípio, é uma coisa pura, que tem como objeto o bem. Mas é uma pureza imperfeita, finita, humana. O contato ininterrupto com o crime misturado ao infortúnio também esgota essa pureza e a coloca no lugar de uma mácula quase similar ao conjunto do crime, uma mácula que ultrapassa de muito longe a de um criminoso particular.

Os homens não se dão ao trabalho de beber da fonte da pureza. Contudo, a criação seria um ato de crueldade se essa fonte não jorrasse por todo lugar onde há crime e infortúnio. Se não tivesse havido crime e infortúnio nos séculos mais afastados de nós, há mais de 2.000 anos, nos países não tocados pelas missões, poderíamos acreditar que a Igreja tem o monopólio de Cristo e dos sacramentos. Como podemos, sem acusar Deus, suportar pensar em um único escravo crucificado há 22 séculos, se refletirmos que naquela época Cristo estava ausente e toda espécie de sacramento era desconhecida? É verdade que não pensamos mais nos escravos crucificados há 22 séculos.

Quando aprendemos a olhar para a pureza perfeita, a duração limitada da vida humana, por si só, impede que alguém tenha certeza de que, a menos que haja traição, alcançaremos a perfeição aqui embaixo. Pois somos seres finitos; o mal em nós também é finito. A pureza que é oferecida aos nossos olhos é infinita. Mesmo destruindo tão pouco mal a cada olhar, seria evidente que, caso não houvesse limite de tempo, se repetíssemos essa operação o suficiente, um dia todo o mal seria destruído. Chegaríamos então ao âmago do mal, segundo a esplêndida expressão do *Bhagavad Gita*. Teríamos destruído o mal para o Senhor da Verdade e lhe traríamos a verdade, como diz o *Livro egípcio dos mortos*.

Uma das verdades capitais do cristianismo, hoje em dia bastante desconhecida, é que o olhar salva. A serpente de bronze foi erguida para que os homens, arrastando-se mutilados no fundo da degradação, olhassem e para ela e fossem salvos.

Nos momentos em que estamos, como dizemos, mal dispostos, quando nos sentimos incapazes de elevar a alma de maneira conveniente às coisas sagradas, é nesse momento que o olhar voltado sobre a pureza perfeita é mais eficiente. Pois é então que o mal – ou melhor, a mediocridade – aflora na superfície da alma, bem posicionado para ser queimado pelo contato com o fogo.

No entanto, o ato de olhar é quase impossível. Toda a parte medíocre da alma, temendo a morte com um medo mais violento do que o causado pela aproximação da morte carnal, revolta-se e cria mentiras para se proteger.

O esforço de não escutar essas mentiras, apesar de não conseguirmos deixar de acreditar nelas, o esforço de olhar para a pureza é algo muito violento; no entanto, isso é completamente diferente do que tudo o que normalmente chamamos de esforço, violência sobre si, ato de vontade. Seriam necessárias outras palavras para falar a respeito, mas a linguagem não possui outras palavras.

O esforço que salva a alma assemelha-se ao esforço pelo qual olhamos, pelo qual escutamos, pelo qual uma noiva diz sim. É um ato de atenção e consentimento. Pelo contrário, o que a linguagem chama de vontade é alguma coisa parecida ao esforço muscular.

A vontade está no nível da parte natural da alma. O bom exercício da vontade é, sem dúvida, uma condição necessária para a salvação, mas ela é inferior, longínqua, muito subordinada, puramente negativa. O esforço muscular do camponês arranca as ervas daninhas, mas apenas o sol e a água fazem crescer o trigo. A vontade não opera nenhum bem na alma.

Os efeitos da vontade só estão no seu lugar pelo cumprimento das obrigações estritas. Onde não há obrigação estrita é preciso seguir a inclinação natural ou a vocação; ou seja, o mandamento de Deus. Os atos que procedem da inclinação não são, evidentemente, esforços da vontade. Nos atos de obediência a Deus, somos passivos; quaisquer que sejam as agruras que os acompanham, qualquer que seja o desdobramento aparente da atividade, não se produz na alma nada de parecido ao esforço muscular; há apenas expectativa, atenção, silêncio, imobilidade através do sofrimento e da alegria. A crucifixão do Cristo é o modelo de todos os atos de obediência.

Essa espécie de atividade passiva, a mais elevada de todas, é perfeitamente descrita no *Bhagavad Gita* e por Lao-Tsé. Ali também existe a unidade sobrenatural dos contrários, harmonia no sentido pitagórico do termo.

O esforço da vontade voltado para o bem é uma das mentiras secretadas pela nossa parte medíocre no seu medo de ser destruída. Esse esforço não a ameaça de modo algum, sequer diminui o seu conforto, mesmo que venha acompanhada de muita fatiga e sofrimento. Pois nossa parte medíocre não teme o cansaço e o sofrimento, ela teme ser morta.

Há pessoas que tentam elevar sua alma da mesma maneira que um homem, saltando continuamente com os dois pés, na esperança de que, à medida que conseguir saltar cada vez mais alto, um dia ele não cairá mais sobre a terra, mas alcançará o céu. Ocupado dessa maneira, ele não consegue olhar para o céu. Não podemos dar nem sequer um passo em direção ao céu. A direção vertical nos é proibida. Mas se olharmos o céu durante um longo tempo, Deus descerá e nos erguerá. Ele nos ergue facilmente. Como diz Ésquilo: "O que é divino é sem esforço". Existe na salvação uma facilidade mais difícil para nós do que todos os esforços.

Em um conto de Grimm, há um concurso de força entre um gigante e um pequeno alfaiate. O gigante lança uma pedra tão alto, que ela demora muito tempo para voltar a cair. O pequeno alfaiate solta um pássaro, que não cai. Aquele que não possui asas sempre acaba caindo.

Como a vontade é impotente para acarretar a salvação, a noção de moral laica é absurda. Pois aquilo que chamamos de moral só demanda à vontade aquilo que ela possui, por assim dizer, de mais muscular. A religião, pelo contrário, corresponde ao desejo, e é o desejo quem salva.

A caricatura romana do estoicismo também apela à vontade muscular. Mas o verdadeiro estoicismo, o estoicismo grego, aquele de quem São João, ou talvez Cristo, pegou emprestado os termos *logos* e *pneuma*, é unicamente desejo, piedade e amor. Ele está pleno de humildade.

O cristianismo de hoje, neste ponto, assim como em muitos outros, deixou-se contaminar pelos seus adversários. A metáfora da busca de Deus evoca esforços de vontade muscular. É verdade que Pascal contribuiu para o destino dessa metáfora. Ele cometeu alguns erros, sobretudo o de confundir, de uma certa maneira, a fé e a autossugestão.

Nas grandes imagens da mitologia e do folclore, nas parábolas do Evangelho, é Deus quem busca o homem. *"Quaerens me sedisti lassus."* Em nenhum lugar do Evangelho é mencionada uma busca levada a cabo pelo ser humano. O homem não dá um passo a menos que seja empurrado; ou melhor, expressamente chamado. O papel da futura esposa é o de aguardar. O escravo aguarda e vela enquanto o mestre vai a uma festa. O passante não se convida para a recepção de casamento, ele não pede um convite; ele é levado de surpresa; seu único papel é o de vestir uma roupa conveniente. O homem que encontrou uma pérola em um campo vende todos os seus bens para comprar esse campo; ele não precisa revolver o campo com uma pá para desenterrar a pérola, basta vender todos os seus bens. Desejar Deus e renunciar a todo o resto, essa é a única coisa que salva.

A atitude que leva à salvação não se assemelha a nenhuma outra atividade. A palavra grega que a expressa é *hupomonè*; a palavra latina *patientia* a traduz de maneira muito imperfeita. É a expectativa, a imobilidade atenta e fiel que dura indefinidamente e que não pode suportar nenhum choque. O escravo que escuta perto da porta para abri-la quando o mestre bater nela é a melhor imagem para ilustrar o que estou dizendo. É preciso que ele esteja pronto para morrer de fome e cansaço ao invés de mudar de atitude. É preciso que seus camaradas possam chamá-lo, falar-lhe, bater nele sem que ele sequer vire a cabeça. Mesmo se lhe dissermos que o mestre está morto, mesmo que ele acredite nisso, ele não se mexerá. Se lhe dissermos que o mestre está irritado e baterá nele quando voltar, mesmo que ele acredite nisso, ele não se mexerá.

A busca ativa é prejudicial, não apenas ao amor, mas também à inteligência, cujas leis imitam as leis do amor. É preciso simplesmente aguardar que surja no espírito a solução de um problema de geometria, o sentido de uma frase latina ou grega. Há ainda mais motivos para agir assim quando se trata de uma nova verdade científica ou um belo verso. A busca conduz ao erro. Isso acontece com toda espécie de bem verdadeiro. O homem não deve fazer outra coisa senão aguardar o bem e afastar o mal. Ele só deve fazer esforço muscular para não ser abalado pelo mal. Na reviravolta que constitui a condição humana, a virtude autêntica em todos os domínios é coisa negativa, ao menos na aparência. Mas essa expectativa do bem e da verdade é algo mais intenso do que toda busca.

A noção de graça em oposição à virtude voluntária e a noção de inspiração em oposição ao trabalho intelectual ou artístico, se forem bem-compreendidas, expressarão a eficácia da expectativa e do desejo.

As práticas religiosas são inteiramente constituídas pela atenção animada pelo desejo. É por essa razão que nenhuma moral pode substituí-las. Mas a parte medíocre da alma tem um arsenal de mentiras capaz de protegê-la mesmo durante a oração ou a participação nos sacramentos. Ela coloca véus entre o olhar, e a presença da pureza perfeita é suficientemente hábil para chamá-los de Deus. Esses véus são, por exemplo, estados de alma, fontes de alegrias sensíveis, de esperança, de conforto, de consolo ou apaziguamento, um conjunto de hábitos, um ou vários seres humanos, até mesmo um meio social.

Uma armadilha difícil de evitar é o esforço para imaginar a perfeição divina que a religião nos oferece para amarmos. Em nenhum caso, podemos imaginar nada mais perfeito do que nós mesmos. Esse esforço torna inútil a maravilha da Eucaristia.

É preciso uma certa instrução da inteligência para conseguir contemplar na Eucaristia apenas aquilo que está encerrado ali por definição; ou seja, algo que ignoramos totalmente. Como diz Platão, algo sobre o qual apenas sabemos que é alguma coisa, mas nada jamais foi tão desejado, senão por engano.

A armadilha das armadilhas, quase inevitável, é a armadilha social. Em todos os lugares, sempre, em todas as coisas, o sentimento social proporciona uma imitação perfeita da fé; ou seja, perfeitamente enganadora. Essa imitação tem a grande vantagem de contentar todas as partes da alma. A que deseja o bem crê ser alimentada. Aquela que é misericórdia não é ferida pela luz. Ela está completamente à vontade. Assim, todos estão de acordo. A alma está em paz. Mas Cristo disse que não veio para trazer a paz. Ele trouxe a espada, a espada que corta ao meio, como diz Ésquilo.

É quase impossível discernir a fé da sua imitação social. Sobretudo porque pode haver na alma uma parte de fé autêntica e uma parte de fé imitada. É quase impossível, mas não impossível.

Nas circunstâncias atuais, evitar a imitação social talvez seja uma questão de vida ou morte para a fé.

A necessidade de uma presença perfeitamente pura para limpar as máculas não é restrita às Igrejas. As pessoas levam suas sujeiras para dentro das Igrejas e isso é muito bom. Mas seria muito mais conforme ao espírito do cristianismo se, além disso, Cristo fosse levar sua presença aos lugares mais maculados pela vergonha, miséria, crime e infelicidade; as prisões, os tribunais, os refúgios de miseráveis. Uma sessão em um tribunal deveria começar e acabar com uma oração comum dos magistrados, da polícia, do acusado, do público. Cristo não deveria estar ausente dos lugares onde trabalhamos, dos lugares onde estudamos. Todos os seres humanos, não importa o que façam ou onde estejam, deveriam poder ter o olhar fixado sobre a serpente de bronze ao longo de cada dia.

Mas também deveríamos reconhecer publicamente, oficialmente, que a religião não consiste em outra coisa senão em um olhar. Enquanto ela pretender ser outra coisa, é inevitável que ela fique fechada no interior das igrejas, ou sufoque em qualquer outro lugar onde ela se encontrar. A religião não deve pretender ocupar na sociedade um outro lugar do que aquele que cabe ao amor sobrenatural na alma. Contudo, também é verdade que muitas pessoas degradam a caridade em si porque querem que ela ocupe um lugar grande e visível demais em sua alma. Nosso Pai reside apenas no segredo. O amor sempre vem acompanhado do pudor. A fé verdadeira implica uma grande discrição, mesmo com relação a si mesmo. Ela é um segredo entre Deus e nós, do qual praticamente não tomamos parte.

O amor ao próximo, o amor pela beleza do mundo, o amor pela religião são amores em um sentido totalmente impessoal. O amor pela religião poderia facilmente não existir, pois a religião está relacionada a um ambiente social. É preciso que a própria natureza das práticas religiosas a corrija. No centro da religião católica se encontra um pouco de matéria sem forma, um pouco de pão. O amor dirigido a esse pedaço de matéria é necessariamente impessoal. Não é a pessoa humana de Cristo como o imaginamos, não é a pessoa divina do Pai, igualmente submetida a todos os erros da nossa imaginação; é esse fragmento de matéria que está no centro da religião católica. É o que existe de mais escandaloso nela e é nisso que reside sua mais maravilhosa virtude. Em todas as formas autênticas de vida religiosa também existe algo que garante seu caráter impessoal. O amor a Deus deve ser impessoal enquanto ainda não tiver havido contato direto e pessoal; de outro modo, será um amor imaginário. Posteriormente, ele deve ser ao mesmo tempo pessoal e novamente impessoal em um sentido mais elevado.

Amizade

Porém, existe um amor pessoal e humano que é puro e encerra o pressentimento do amor divino e é o seu reflexo. É a amizade, com a condição de que empreguemos essa palavra rigorosamente em seu sentido próprio.

Preferir um ser humano é necessariamente algo diferente da caridade. Esta é indiscriminada. Se ela se colocar mais particularmente em algum lugar, a única razão para que isso aconteça será o acaso do infortúnio, que suscita a troca de compaixão e gratidão. Ela está igualmente disponível para todos os humanos enquanto o infortúnio puder vir propor a todos uma tal troca.

A preferência pessoal com relação a um determinado ser humano pode ser de duas naturezas; ou procuramos no outro um certo bem, ou temos necessidade dele. De maneira geral, todos os apegos possíveis se dividem entre esses dois tipos. Voltamos para alguma coisa ou porque buscamos ali um bem, ou porque não podemos viver sem aquilo. Algumas vezes as duas coisas coincidem; mas frequentemente isso não acontece. Por si mesmas, elas são distintas e completamente independentes. Se não tivermos outra coisa para comer, comeremos um alimento repugnante porque não temos opção. Um homem moderadamente *gourmet* procura as boas coisas, mas pode facilmente viver sem elas. Se ficarmos com falta de ar, sufocaremos; nos debateremos para encontrar ar porque temos necessidade, não porque estamos esperando um bem. Não precisamos ser impelidos por necessidade alguma para irmos até a costa respirar o ar marinho; vamos apenas porque é agradável. Frequentemente o curso do tempo automaticamente faz o segundo motivo suceder o primeiro. Essa é uma das grandes dores da humanidade. Um homem fuma ópio para ter acesso a um estado especial que ele crê superior; frequentemente, o passo seguinte é ser levado pelo ópio a um estado deplorável e degradante; no entanto, ele não consegue mais viver sem ele. Arnolphe comprou Agnès[10] da sua mãe adotiva, porque lhe pareceu ser bom ter em sua casa uma mocinha que ele pouco a pouco ensinaria a ser uma boa esposa. Mais tarde, ela lhe causou uma dor despedaçadora e avassaladora. Mas com o passar do tempo, seu apego a ela tornou-se um elo vital que o forçou a pronunciar esse terrível verso:

> Mas sinto dentro de mim que é preciso que eu sofra e morra...

Harpagon começou vendo o ouro como um bem. Mais tarde, o ouro se tornou objeto de uma obsessão esfalfante; mas se ele for privado deste objeto, morrerá.

---

10. Personagens da peça de teatro *Escola de mulheres*, de Molière, encenada pela primeira vez em 1662 [N.T.].

Como diz Platão, há uma grande diferença entre a essência do necessário e a do bem.

Não há contradição alguma entre buscar um bem junto a um ser humano e querer o seu bem. Por essa mesma razão, quando a causa que impulsiona um ser humano é apenas a busca de um bem, as condições para que uma amizade se realize não são preenchidas. A amizade é uma harmonia sobrenatural, uma união dos contrários.

Quando um ser humano é necessário em algum grau, não podemos querer o seu bem, a menos que deixemos de querer nosso próprio bem. Ali onde há necessidade, há obrigação e dominação. Estamos à disposição do que precisamos, a menos que sejamos o proprietário. Para qualquer ser humano, a livre-disposição de si mesmo é o bem central. Ou renunciamos a essa livre-disposição, que é um crime de idolatria, pois só temos o direito de renunciar a ela em favor de Deus, ou desejamos que o ser do qual precisamos seja privado dela.

Entre os seres humanos, todos os tipos de mecanismo podem atar vínculos afetivos que tenham a solidez do ferro da necessidade. O amor materno frequentemente é dessa natureza; por vezes o amor paterno, como no *Le père Goriot*, de Balzac; o amor carnal sob a forma mais intensa, como em *Escola de mulheres* e em *Fedra*; o amor conjugal muito frequentemente, sobretudo pelo efeito do hábito; mais raramente, o amor filial ou fraterno.

Há, aliás, graus na necessidade. É necessário, em qualquer grau, tudo cuja perda cause realmente uma diminuição da energia vital, no sentido preciso, rigoroso que esta palavra poderia ter se o estudo dos fenômenos vitais fosse tão avançado quanto o da queda dos corpos. No grau extremo da necessidade, a privação leva à morte. Isso acontece quando toda a energia vital de um ser está ligada a um outro ser por apego. Em graus menores, a privação leva a um decréscimo de energia mais ou menos considerável. Dessa forma, a privação total do alimento conduz à morte, ao contrário da privação parcial que leva apenas a um decréscimo. No entanto, observamos ser necessária uma certa quantidade de alimento, abaixo da qual um ser humano sofre certa diminuição.

A causa mais frequente para a existência da necessidade nos vínculos afetivos é uma certa combinação entre simpatia e hábito. Como no caso do avarento ou da intoxicação, aquilo que de início foi busca de um bem é transformado em necessidade pelo simples passar do tempo. Mas a diferença com relação à avareza, à intoxicação e todos os vícios é que nos vínculos afetivos as duas causas, busca de um bem e necessidade, podem muito bem coexistir. Elas também podem estar separadas. Quando o apego de um ser humano a um outro é constituído apenas pela necessidade, isso é algo atroz. Poucas coisas no mundo podem atingir esse grau de feiura e horror. Há sempre algo horrível em todas as circunstâncias em que um ser humano busca o bem e encontra apenas a necessidade. Os contos de fada onde um ser amado aparece de repente com a cabeça de um morto são a melhor imagem para representar essa situação. É verdade, a alma humana possui todo um arsenal de mentiras para se proteger dessa feiura e fabricar na sua imaginação falsos bens onde há apenas necessidade. Dessa forma, a feiura é um mal, pois ela é submetida à mentira.

De maneira geral, há infelicidade todas as vezes em que a necessidade, sob qualquer forma, se faz sentir tão duramente que a dureza ultrapassa a capacidade de mentira daquele que sofre o choque da necessidade. É por essa razão que os seres mais puros são os mais expostos ao infortúnio. Para quem é capaz de impedir a reação automática de proteção, que tende a aumentar a capacidade da alma de mentir, a infelicidade não é um mal, apesar de ser sempre uma ferida e, em um certo sentido, uma degradação.

Quando um ser humano está ligado a um outro por um vínculo de afeição que encerra um grau qualquer de necessidade, é impossível desejar a conservação da autonomia ao mesmo tempo em si mesmo e no outro. Impossível em virtude do mecanismo da natureza, mas possível pela intervenção milagrosa do sobrenatural. Esse milagre é a amizade.

"A amizade é uma igualdade feita de harmonia", diziam os pitagóricos. Há harmonia porque há unidade sobrenatural entre dois contrários, que são a necessidade e a liberdade; esses dois contrários que Deus combinou ao criar o mundo e os homens. Há igualdade porque desejamos a conservação da faculdade do livre-consentimento em nós mesmos e no outro. Quando alguém deseja subordinar um ser humano ou aceita subordinar-se a ele, não há sinal de amizade. O Pylade de Racine não é amigo de Orestes[11]. Não há amizade na desigualdade.

Uma certa reciprocidade é essencial à amizade. Se a benevolência estiver ausente em um dos dois lados, o outro deve suprimir o afeto em si em respeito ao livre-consentimento de que ele não deve querer prejudicar. Se um dos dois lados não respeitar a autonomia do outro, aquele que foi desconsiderado deve cortar o vínculo por respeito a si mesmo. Da mesma maneira, quem aceita ser subjugado não pode granjear amizade. Mas talvez a necessidade encerrada no vínculo afetivo só exista de um lado; nesse

---

11. Personagens da peça *Andrômaca*, de Racine (1667) [N.T.].

caso, a amizade também só existe de um lado, se tomarmos essa palavra em seu sentido mais preciso e rigoroso.

Uma amizade é maculada desde que a necessidade leve a melhor, mesmo que seja por um instante, e se coloque acima do desejo de conservar em um e no outro a faculdade do livre-consentimento. Em todas as coisas humanas a necessidade é o princípio da impureza. Toda amizade é impura se encontrarmos um mínimo sinal do desejo de agradar ou o desejo inverso. Em uma amizade perfeita esses dois desejos estão completamente ausentes. Os dois amigos aceitam completamente ser dois, e não um; eles respeitam a distância colocada entre eles pelo fato de serem duas criaturas distintas. O homem tem o direito de desejar estar diretamente unido apenas a Deus.

A amizade é o milagre pelo qual um ser humano aceita observar a distância sem se aproximar do próprio ser que lhe é necessário como um alimento. É a força da alma que Eva não teve e, no entanto, ela não tinha necessidade do fruto. Se ela tivesse tido fome no momento em que observava o fruto e se, apesar disso, ela tivesse permanecido indefinidamente observando sem dar um passo na direção do fruto, ela teria realizado um milagre igual ao da perfeita amizade.

Por intermédio dessa virtude sobrenatural de respeito à autonomia humana, a amizade é muito parecida às formas puras da compaixão e da gratidão criadas pelo infortúnio. Nos dois casos, os opostos, que são os termos da harmonia, são a necessidade e a liberdade; ou melhor, a subordinação e a igualdade. Esses dois pares de contrários são equivalentes.

Pelo fato do desejo de agradar e o desejo inverso estarem ausentes da amizade pura, há nela, ao mesmo tempo, afeto e algo semelhante a uma completa indiferença.

Apesar de ser um vínculo entre duas pessoas, ela possui algo de impessoal. Ela não prejudica a imparcialidade; ela não impede, de modo algum, que imitemos a perfeição do Pai celeste, que distribui a luz do sol e a chuva em todo lugar. Pelo contrário, a amizade e essa imitação da perfeição do Pai celeste são frequentemente condição mútua para uma e outra existirem. Pois, como todo ser humano é ligado a outros por vínculos afetivos que encerram algum grau de necessidade, ele só pode se aproximar da perfeição transformando essa afeição em amizade. Esta tem alguma coisa de universal; ela consiste em amar um ser humano da forma como gostaríamos de poder amar em particular cada um que compõe a espécie humana. Assim como um geômetra observa uma figura particular para, a partir daí, deduzir as propriedades universais do triângulo, da mesma maneira, quem sabe amar direciona a um ser humano particular um amor universal. O consentimento à conservação da autonomia em si e no outro é, por essência, algo universal. A partir do momento em que desejamos essa conservação em mais de um ser, nós a desejamos em todos os seres, pois deixamos de dispor a ordem do mundo em um círculo em volta de um centro que estaria aqui embaixo. Transportamos o centro acima dos céus.

A amizade não possui essa virtude se os dois seres que se amam, por um uso ilegítimo do afeto, acreditam fazer apenas um. Mas, nesse caso, tampouco existe amizade no verdadeiro sentido da palavra. Esta é, por assim dizer, uma união adúltera, mesmo quando ela acontece entre um casal. Só há amizade ali onde a distância é conservada e respeitada.

O simples fato de ter prazer em pensar sobre um assunto qualquer da mesma maneira que o ser amado, ou em todo caso, o fato de desejar uma tal concordância de opiniões, é um atentado à pureza da amizade ao mesmo tempo que à probidade intelectual. Isso acontece com muita frequência. Mas uma amizade pura também é rara.

Quando os vínculos afetivos e de necessidade entre seres humanos não são sobrenaturalmente transformados em amizade, não apenas a afeição é impura e decadente, como também ela se mistura ao ódio e à repulsa. Isso é muito bem-retratado em *Escola de mulheres* e em *Fedra*. O mecanismo é o mesmo nos afetos que não são da ordem do amor carnal. É fácil compreender; detestamos aquilo do qual dependemos; enojamos com aquilo que depende de nós. Por vezes, o afeto não apenas se mistura, ele se transforma inteiramente em ódio e repulsa. Ocasionalmente, a transformação é quase imediata, de modo que quase nenhum afeto teve tempo de surgir; esse é o caso quando a necessidade é quase imediatamente colocada a nu. Quando a necessidade que liga os seres humanos não é de natureza afetiva, quando ela depende apenas das circunstâncias, frequentemente a hostilidade surge desde o início.

Quando Cristo disse aos seus discípulos "Amai-vos uns aos outros", não foi devido ao apego que Ele lhes deu esse preceito. Como de fato havia entre eles vínculos suscitados por pensamentos comuns, a vida em comum, o hábito, Ele comandou que esses vínculos fossem transformados em amizade para que não se transformassem em apegos impuros ou ódio.

Tendo Cristo acrescentado, pouco antes da sua morte, essas palavras como um novo mandamento aos mandamentos do amor ao próximo e do amor a Deus, podemos deduzir que a amizade pura, assim como a caridade ao próximo, contém algo parecido a um sacramento. Com relação à amizade cristã, Cristo talvez quisesse indicar o seguinte quando disse: "Quando dois ou três entre vós estiverem reunidos em meu nome, eu estarei entre eles". A amizade pura é uma imagem da amizade original e perfeita, que é a Trindade e a própria essência de Deus. É impossível que dois seres humanos sejam um e continuem respeitando escrupulosamente a distância que os separa se Deus não estiver presente em cada um. O ponto de encontro dos paralelos é o infinito.

Amor implícito e amor explícito

Até mesmo o católico mais limitado não ousaria afirmar que a compaixão, a gratidão, o amor pela beleza do mundo, o amor pelas práticas religiosas, a amizade sejam monopólio dos séculos e dos países onde a Igreja esteve presente. Esses amores na sua pureza são raros, mas dificilmente poderíamos afirmar que eles tenham sido mais frequentes nesses séculos e nesses países do que em outros. Acreditar que eles podem se produzir ali onde Cristo está ausente é rebaixar Cristo até o ultraje; é uma impiedade, quase um sacrilégio.

Esses amores são sobrenaturais; e, em um certo sentido, são absurdos; eles são loucos. Enquanto a alma não tiver tido contato direto com a própria pessoa de Deus, eles não podem se embasar em nenhum conhecimento baseado na experiência ou na racionalização. Eles não podem, portanto, apoiar-se em nenhuma certeza, a menos que empreguem a palavra em um sentido metafórico para designar o contrário da hesitação. Consequentemente, é preferível que eles não estejam acompanhados de nenhuma crença. Isso é intelectualmente mais honesto e preserva melhor a pureza do amor. Em todos os sentidos, é mais conveniente. Com relação às coisas divinas, a crença não convém; apenas a certeza convém. Tudo o que está abaixo da certeza é indigno de Deus.

Durante o período preparatório, esses amores indiretos constituem um movimento ascendente da alma, um olhar voltado com algum esforço para o alto. Depois de Deus ter vindo em pessoa não apenas visitar a alma – como, aliás, Ele faz há bastante tempo – mas apoderar-se dela, transportar o centro para perto de si, as coisas mudam. O pintinho furou a casca, ele está fora do ovo do mundo. Esses primeiros amores subsistem, eles são mais intensos do que antes, mas são outros. Quem passou por essa aventura ama os infelizes mais do que antes, assim como quem o ajudou, na infelicidade, seus amigos, as práticas religiosas, a beleza do mundo. Mas esses amores se tornaram um movimento descendente como o do próprio Deus, um raio envolto na luz de Deus. Ao menos, assim podemos supor.

Esses amores indiretos são apenas a atitude da alma orientada para o bem e voltada para os seres e as coisas aqui embaixo. Eles próprios não têm um bem como objeto. Não existe bem aqui embaixo. Assim, não se trata propriamente dito de amores; são atitudes amorosas.

Durante o período preparatório, a alma ama no vazio. Ela não sabe se alguma coisa real responderá ao seu amor. Ela pode acreditar que sabe, mas acreditar não é saber. Tal crença não ajuda. A alma sabe apenas de uma maneira certeira que ela tem fome. O importante é gritar sua fome. Uma criança não vai parar de gritar se sugerirem que talvez ela não esteja com fome. Ela vai continuar gritando.

O perigo não é a alma duvidar se há pão ou não, mas ser persuadida por uma mentira de que ela não tem fome. Ela só pode ser persuadida com uma mentira, pois a realidade da sua fome não é uma crença, é uma certeza.

Todos nós sabemos que não há bem aqui embaixo, que tudo que aparece aqui embaixo como bem é finito, limitado, esgota-se e, uma vez esgotado, deixa aparecer a nu a necessidade. Todo ser humano teve aparentemente na sua vida diversos instantes em que confessou claramente não ter bem algum aqui embaixo. Mas após termos visto essa verdade, nós a recobrimos de mentira. Muitos se comprazem em proclamá-la buscando na tristeza um prazer mórbido, apesar de jamais terem suportado olhar a verdade de frente durante mais do que um segundo. Os homens sentem que há um perigo mortal em olhar essa verdade de frente durante algum tempo. Isso é verdade. Esse conhecimento é mais mortal do que uma espada; ele inflige uma morte que dá medo mais do que a morte carnal. Com o tempo, ela mata em nós tudo o que chamamos de eu. Para apoia-la é preciso amar a verdade mais do que a vida. Aqueles que agem desse modo, segundo a expressão de Platão, desviam-se daquilo que se passa em toda a alma.

Eles não se voltam para Deus. Como poderiam fazê-lo, se estão totalmente nas trevas? O próprio Deus lhes imprime a orientação conveniente. Ele passa um longo tempo sem se mostrar. Cabe a eles permanecer imóveis, sem desviar o olhar, sem deixar de escutar e aguardar sabe-se lá o que, surdos às solicitações e às ameaças, inabaláveis aos choques. Se Deus, após uma longa espera, deixa vagamente pressentir sua luz ou mesmo se revela em pessoa, isso acontece apenas por um instante. Novamente é preciso permanecer imóvel, atento e aguardar, sem mexer, chamando apenas quando o desejo for forte demais.

Não depende de uma alma acreditar na realidade de Deus se Ele não revelar essa realidade. Ou ela aplica o nome de Deus a uma outra coisa como se fosse uma etiqueta, e isso é idolatria, ou a crença em Deus permanece abstrata e verbal. Isso aconteceu nos países e nas épocas em que colocar o dogma religioso em xeque era algo que sequer passava pela cabeça das pessoas. O estado de não crença é, então, aquilo que São João da Cruz chamava de noite. A crença é verbal e não penetra na alma. Em uma época como a nossa, a incredulidade pode ser igual à noite obscura de São João da Cruz se o incrédulo amar a Deus, se ele for como a criança que não sabe que há um pedaço de pão, mas grita de fome.

Quando estamos comendo um pedaço de pão, e mesmo quando já acabamos de comer, sabemos que o pão é real. Podemos, de todo modo, colocar em dúvida a realidade do pão. Os filósofos colocam em dúvida a realidade do mundo sensível. Mas é uma dúvida puramente verbal, que não atinge a certeza, que a torna mais manifesta para um espírito bem-orientado. Da mesma maneira, aquele a quem Deus revelou sua realidade pode, sem inconveniente, questionar essa realidade. É uma dúvida puramente verbal, um exercício útil para a saúde da inteligência. O que é um crime de traição, mesmo antes de tal revelação, e muito mais ainda depois dessa revelação, é questionar que Deus seja a única coisa que mereça ser amada. É desviar o olhar. O amor é o olhar da alma, é parar um instante de esperar e escutar.

Electra não busca Orestes, ela o espera. Quando ela acredita que ele não existe mais, que em nenhum lugar do mundo não há nada que seja Orestes, ela nem por isso se aproxima daqueles que a cercam. Ela se afasta deles com uma repulsa ainda maior. Ela ama mais a ausência de Orestes do que a presença de qualquer outra coisa. Orestes deveria libertá-la da sua escravidão, dos seus andrajos, do trabalho servil, da sujeira, da fome, dos golpes e das inumeráveis humilhações. Ela não espera mais isso. Mas ela não sonha, nem por um instante, em usar outro método que poderia lhe conceder uma vida luxuosa e honrada, o método da reconciliação com os mais fortes. Ela só quer obter a abundância e a consideração se Orestes as trouxer. Ela não dedica sequer um pensamento a essas coisas. Tudo o que ela deseja é não existir a partir do momento em que Orestes não existe mais.

Nesse momento, Orestes não aguenta mais. Ele não pode deixar de se revelar; ele apresenta a prova inequívoca de que é Orestes. Electra o vê, ela o ouve, ela o toca. Ela não se perguntará mais se o seu salvador existe.

Quem vivenciou a aventura de Electra, quem viu, ouviu e tocou com a própria alma, reconheceu em Deus a realidade desses amores indiretos que eram uma espécie de reflexos. Deus é pura beleza. É incompreensível, pois a beleza é sensível por essência. Falar de uma beleza não sensível parece ser um abuso de linguagem para quem quer que tenha no espírito alguma exigência de rigor, e com razão. A beleza é sempre um milagre. Mas existe milagre no segundo grau quando uma alma recebe uma impressão da beleza não sensível; não se trata de uma abstração, mas de uma impressão real e direta como a causada por um canto no momento em que ele se faz ouvir. Tudo se passa como se, por efeito de um favor milagroso, ele tenha revelado à própria sensibilidade que o silêncio não é a ausência de sons, mas uma coisa infinitamente mais real do que os sons e o centro de uma harmonia mais perfeita, que a mais bela combinação possível de sons. Contudo, há gradações no silêncio. Há um silêncio na beleza do universo, que é como um barulho com relação ao silêncio de Deus.

Deus também é o verdadeiro próximo. O termo pessoa só se aplica com propriedade a Deus assim como o termo "impessoal". Deus é aquele que se inclina sobre nós, infelizes, reduzidos a sermos apenas um pouco de carne inerte e sangrenta. Mas, ao mesmo tempo, Ele também é, de algum modo, esse infeliz que nos aparece apenas sob o aspecto de um corpo inanimado do qual todo pensamento parece estar ausente; esse infeliz sobre o qual ninguém conhece nem a classe nem o nome. O corpo inanimado é esse universo criado. O amor que devemos a Deus e que seria nossa perfeição suprema, caso pudéssemos alcançá-lo, é o modelo divino ao mesmo tempo da gratidão e da compaixão.

Deus é também o amigo por excelência. Para que haja entre Ele e nós, através da distância infinita, algo semelhante à uma igualdade, Ele quis colocar em suas criaturas um absoluto, a liberdade absoluta de consentir ou não com a orientação que Ele imprime em nós para que nos voltemos em sua direção. Ele também estendeu nossas possibilidades de erro e de mentira até nos deixar a faculdade de dominar falsamente em imaginação não apenas o universo e os homens, mas também o próprio Deus, tanto que não sabemos fazer um uso justo desse nome. Ele nos deu esta faculdade de ilusão infinita para que tenhamos o poder de renunciar a ela por amor.

Enfim, o contato com Deus é o verdadeiro sacramento. Mas podemos ter quase certeza de que aqueles em quem o amor de Deus fez desaparecer os amores puros daqui debaixo são falsos amigos de Deus.

O próximo, os amigos, as cerimônias religiosas, a beleza do mundo não caem na categoria das coisas irreais depois de a alma ter travado contato direto com Deus. Pelo contrário, é apenas então que essas coisas se tornam reais. Antes eram semissonhos, antes não havia realidade alguma.

Sobre o Pater

"Pai nosso que estais nos céus" (em grego no texto)

É o Pai nosso; não há nada de real em nós que não venha dele. Nós pertencemos a Ele. Ele nos ama, já que Ele se ama e nós pertencemos a Ele. Mas é o Pai que está nos céus. Não em outro lugar. Se acreditarmos ter um Pai aqui embaixo, não é Ele, é um falso Deus. Não podemos dar um único passo em sua direção. Não caminhamos verticalmente. Só podemos dirigir a Ele o nosso olhar. Não há nada a buscar, é preciso apenas mudar a direção do olhar. Cabe a Ele nos procurar. É preciso que nos alegremos ao saber que Ele está infinitamente fora do nosso alcance. Temos, assim, a certeza de que o mal em nós, mesmo quando ele submerge todo nosso ser, não macula de modo algum a pureza, a felicidade e a perfeição divinas.

"Santificado seja o vosso nome" (em grego no texto)

Apenas Deus tem o poder de se nomear. Seu nome não é pronunciável por lábios humanos. Seu nome é a sua palavra, é o Verbo. O nome de um ser qualquer é um intermediário entre o espírito humano e este ser; a única via pela qual o espírito humano pode compreender alguma coisa sobre este ser quando ele está ausente. Deus está ausente; Ele está no céu. Para o ser humano, seu nome é a única possibilidade de ter acesso a Ele; é o Mediador. O homem tem acesso a este nome, apesar de Ele ser também transcendente. Ele brilha na beleza e na ordem do mundo e na luz interior da alma humana. Este nome é a própria santidade; não existe santidade fora dele; Ele não precisa, portanto, ser santificado. Quando pedimos essa santificação, estamos pedindo o que está eternamente em uma realidade de plenitude; não está em nosso poder acrescentar ou retirar sequer uma coisa infinitamente pequena dessa plenitude. Pedir o que é, o que é realmente, infalivelmente, eternamente, de uma maneira totalmente independente do nosso pedido, é o pedido perfeito. Não podemos deixar de desejar; nós somos desejo. Mas podemos, se comunicarmos tudo nesse pedido, fazer desse desejo que nos prega ao imaginário, ao tempo, ao egoísmo, um fermento que nos arranca do imaginário para chegarmos ao real, do tempo para alcançarmos a eternidade e assim sairmos da prisão do eu.

"Venha a nós o vosso reino" (em grego no texto)

Trata-se agora de alguma coisa que deve vir, que não está aqui. O Reino de Deus é o Santo Espírito, que preenche completamente toda a alma das criaturas inteligentes. O Espírito sopra onde quer. Só podemos invocá-lo. Nem é preciso pensar de uma maneira particular para chamá-lo sobre nós, ou sobre estes ou aqueles, ou mesmo sobre todos, mas chamá-lo pura e simplesmente; que pensar nele seja um chamado ou um grito. Quando estamos no limite da sede, quando estamos doentes de sede, não imaginamos mais o ato de beber com relação a nós mesmos, nem mesmo o ato de beber de maneira geral. Imaginamos apenas a água, a água tomada em si, mas essa imagem da água é como um grito de todo o ser.

"Seja feita a vossa vontade" (em grego no texto)

Nós só temos absolutamente, infalivelmente, certeza da vontade de Deus através do passado. Todos os acontecimentos que se produziram, quaisquer que sejam, são conformes à vontade do Pai todo-poderoso. Isso está implicado na noção do poder absoluto. O futuro também, o que quer que seja, uma vez realizado, será realizado conforme a vontade de Deus. Nada podemos acrescentar ou subtrair dessa conformidade. Assim, após um ímpeto de desejo em direção ao possível, novamente, nesta frase, pedimos aquilo que é. Mas não mais uma realidade eterna como é a santidade do Verbo. O objeto da nossa demanda é aquilo que se produziu no tempo. Mas pedimos a conformidade infalível e eterna daquilo que se produziu no tempo à vontade divina. Através do primeiro pedido, arrancamos o desejo do tempo para aplicá-lo ao eterno, assim transformando-o, e retomamos esse desejo que, de uma certa maneira, tornou-se eterno, para aplicá-lo novamente ao tempo. Então, nosso desejo fura e atravessa o tempo para encontrar a eternidade por trás. É isso que acontece quando sabemos fazer de todos os acontecimentos realizados, não importa quais sejam, um objeto de desejo. É algo completamente diferente da resignação. A própria palavra aceitação é fraca demais. É preciso desejar que tudo aquilo que se produziu tenha se produzido, e nada mais. Não porque aquilo que se produziu seja bom aos nossos olhos, mas porque Deus o permitiu e a obediência do curso dos acontecimentos a Deus é por si mesma um bem absoluto.

"Assim na terra como no céu" (em grego no texto)

Essa associação do nosso desejo à vontade todo-poderosa de Deus deve se estender às coisas espirituais. Nossas ascensões e nossos esmorecimentos espirituais e os dos seres que amamos têm uma relação com o outro mundo, mas são também acontecimentos que se produzem aqui embaixo, no tempo. Como tal, são detalhes no imenso mar dos acontecimentos, jogados de um lado para outro nesse mar em conformidade com a vontade de Deus. Já que nossos esmorecimentos passados aconteceram, devemos desejar que eles tenham acontecido. Devemos estender esse desejo ao futuro para o dia em que ele terá se tornado passado. É uma correção necessária ao pedido para que chegue o Reino de Deus. Devemos abandonar todos os desejos pelo desejo da vida eterna, mas a própria vida eterna deve ser desejada com renúncia. Não devemos nos apegar nem mesmo ao desapego. O apego à salvação é ainda mais perigoso do que os outros. É preciso pensar na vida eterna como pensamos na água quando estamos morrendo de sede; contudo, se esta não for a vontade de Deus (se isso fosse concebível), devemos ao mesmo tempo desejar para nós e para os seres que nos são caros a privação eterna desta água, ao invés de recebê-la em abundância.

Os três pedidos precedentes têm relação com as três pessoas da Trindade – o Filho, o Espírito e o Pai – e também com as três partes do tempo: o presente, o futuro e o passado. Os próximos três pedidos se referem às três partes do tempo mais diretamente e em uma outra ordem: presente, passado, futuro.

"O pão nosso, que é sobrenatural, nos dai hoje" (em grego no texto)

Cristo é o nosso pão. Nós só podemos pedi-lo agora. Pois Ele está sempre aqui, à porta da nossa alma, querendo entrar, mas Ele não viola o consentimento. Se consentirmos que Ele entre, Ele entrará; quando não o quisermos mais, Ele irá embora. Não podemos ligar o hoje à nossa vontade de amanhã, selar hoje um pacto para que amanhã Ele esteja em nós, apesar de nós. Nosso consentimento à sua presença é a mesma coisa que a sua presença. O consentimento é um ato, ele só pode ser atual. Não nos foi dada uma vontade que se possa aplicar ao futuro. Tudo o que não é eficaz em nossa vontade é imaginário. A parte eficaz da vontade é eficaz imediatamente; sua eficiência não é distinta dela mesma. A parte eficaz da vontade não é eficaz devido ao esforço, que está voltado para o futuro, mas, devido ao consentimento, o sim do casamento. Um sim pronunciado no instante presente para o instante presente, mas pronunciado como uma palavra eterna, pois é o consentimento à união de Cristo com a parte eterna da nossa alma.

Precisamos de pão: somos seres que tiramos continuamente nossa energia de fora, pois à medida que a recebemos, nós a esgotamos em nossos esforços. Se a nossa energia não for renovada quotidianamente ficaremos sem força e incapazes de movimento. Fora do alimento propriamente dito, no sentido literal da palavra, todos os estimulantes são fontes de energia. O dinheiro, o avanço, a consideração, as condecorações, a celebridade, o poder, os seres amados, tudo o que coloca em nós a capacidade de agir são uma espécie de pão. Se um desses apegos penetrar fundo o suficiente em nós, até chegar às raízes vitais da nossa existência carnal, a privação poderá nos quebrar e até mesmo nos matar. Isso se chama morrer de dor. É como morrer de fome. Todos esses objetos de apego constituem, com o alimento propriamente dito, o pão daqui debaixo. Depende inteiramente das circunstâncias concedê-lo ou recusá-lo. Não devemos pedir nada ao sujeito das circunstâncias, senão que elas estejam em conformidade à vontade de Deus. Não devemos pedir o pão daqui debaixo.

Há uma energia transcendente, cuja fonte vem do céu, que corre em nós, contanto que a desejemos. É realmente uma energia; ela executa ações por intermédio da nossa alma e do nosso corpo.

Devemos pedir esse alimento. No momento em que o pedimos e pelo próprio fato de o pedirmos, sabemos que Deus quer dá-lo a nós. Não devemos suportar ficar um único dia sem ele. Pois quando as energias terrestres, submetidas às necessidades daqui debaixo, alimentam apenas nossos atos, nós só podemos fazer e pensar o mal. "Deus viu que os malfeitos do homem se multiplicavam sobre a terra e que o produto dos pensamentos do seu coração era constante e unicamente ruim." A necessidade que nos obriga ao mal governa tudo em nós, exceto a energia do alto no momento em que ela entra em nós. Não podemos fazer provisões dessa energia.

"Livrai-nos das nossas dívidas, assim como nós perdoamos aos nossos devedores" (em grego no texto)

No momento que dizemos essas palavras, já é preciso ter perdoado todas as dívidas. Não é apenas a reparação das ofensas que achamos ter sofrido, é também o reconhecimento do bem que pensamos ter feito e, de maneira geral, tudo o que esperamos por parte dos seres e das coisas, tudo o que acreditamos nos ser devido, aquilo cuja ausência nos traria o sentimento de termos sido frustrados. Acreditamos que esses sejam os direitos que o passado nos deu sobre o futuro. Primeiro, o direito a uma certa permanência. Quando nos alegramos com alguma coisa durante longo tempo, acreditamos que aquilo nos é devido e que o destino ainda nos deve deixar desfrutar dessa alegria. Em seguida, acreditamos ter direito a uma compensação por cada esforço, qualquer que seja a sua natureza – trabalho, sofrimento ou desejo. Todas as vezes em que um esforço saiu de nós e o equivalente desse esforço não voltou para nós sob a forma de um fruto visível, temos um sentimento de desequilíbrio e vazio, que nos faz acreditar que fomos roubados. O esforço de suportar uma ofensa nos faz esperar o castigo ou as desculpas do ofensor, o esforço de fazer o bem nos faz esperar o reconhecimento do favorecido; mas são apenas casos particulares de uma lei universal da nossa alma. Todas as vezes em que algo saiu de nós, tivemos absolutamente necessidade de que ao menos o equivalente entrasse em nós e, por termos essa necessidade, acreditamos ter direito a ela. Nossos devedores são todos os seres, todas as coisas, o universo inteiro. Acreditamos ter crédito sobre todas as coisas; todavia, os créditos que acreditamos possuir são sempre um crédito imaginário do passado sobre o futuro. É a ele que devemos renunciar.

Perdoar os nossos devedores é renunciar em bloco a todo o passado. Aceitar que o futuro ainda seja virgem e intacto, rigorosamente ligado ao passado por vínculos que ignoramos, mas completamente livre dos vínculos que a nossa imaginação crê poder lhe impor. Aceitar a possibilidade que ele chegue, e em particular que ele chegue para nós, pouco importam as circunstâncias, e que o dia de amanhã faça da nossa vida passada uma coisa estéril e vã.

Ao renunciarmos de um só golpe a todos os frutos do passado, sem exceção, podemos pedir a Deus que os nossos pecados passados não tragam à nossa alma seus miseráveis frutos do mal e do erro. Enquanto nos agarrarmos ao passado, o próprio Deus não poderá impedir em nós essa horrível frutificação. Não podemos nos apegar ao pecado sem nos apegar aos nossos crimes, pois o que é essencialmente mau em nós nos é desconhecido.

O principal crédito com o universo que acreditamos ter é a continuação da nossa personalidade. Esse crédito acarreta todos os outros. O instinto de conservação nos faz sentir essa continuação como uma necessidade, e acreditamos que uma necessidade é um direito. Como disse o mendigo a Talleyrand: "Senhor, é preciso que eu viva", ao que Talleyrand respondeu: "Não vejo necessidade". Nossa personalidade depende inteiramente das circunstâncias externas, que têm um poder ilimitado para esmagá-las. Mas preferiríamos morrer a reconhecer esse fato. O equilíbrio do mundo é para nós um curso de circunstâncias que faz a nossa personalidade permanecer intacta e que pareça nos pertencer. Todas as circunstâncias passadas que feriram nossa personalidade nos parecem rupturas de equilíbrio que devem infalivelmente, mais cedo ou mais tarde, ser compensadas por fenômenos em sentido contrário. Nós vivemos da expectativa dessas compensações. A aproximação iminente da morte é horrível, sobretudo porque ela nos obriga a nos darmos conta de que essas compensações não se produzirão.

O perdão das dívidas é a renúncia à sua própria personalidade. Renunciar a tudo aquilo que eu chamo de eu, sem nenhuma exceção. Saber que naquilo que eu chamo de eu não há nada, nenhum elemento psicológico que as circunstâncias externas não possam fazer desaparecer. Aceitar isso, ser feliz que as coisas sejam dessa maneira.

As palavras "seja feita a vossa vontade", se as pronunciarmos com toda nossa alma, implicam essa aceitação. É por isso que podemos dizer pouco depois: "Nós perdoamos nossos devedores".

O perdão das dívidas é a pobreza espiritual, a nudez espiritual, a morte. Se aceitarmos completamente a morte, podemos pedir que Deus nos faça reviver purificados do mal que existe em nós. Pois pedir-lhe para perdoar nossas dívidas é pedir-lhe para apagar o mal que está em nós. O perdão é a purificação. O próprio Deus não tem o poder de perdoar o mal que está em nós e que ali permanece. Deus perdoou nossas dívidas quando nos colocou em estado de perfeição. Até lá, Deus perdoou nossas dívidas parcialmente, na medida em que perdoamos nossos devedores.

"Não nos deixeis cair na provação, mas livrai-nos do mal" (em grego no texto)

A única provação para o homem é ser abandonado a si mesmo ao entrar em contato com o mal. O nada do homem é então experimentalmente verificado. Apesar de a alma ter recebido o pão sobrenatural no momento em que ela o pediu, sua alegria está misturada ao temor porque ela só conseguiu pedir o pão para o presente. O futuro é assustador. Ela não tem o direito de pedir pão para amanhã, e expressa o seu temor sob forma de súplica. Ela termina aí. A palavra "Pai" começou a oração, a palavra "mal" a finaliza. É preciso ir da confiança ao temor. Apenas a confiança dá força suficiente para que o temor não seja uma causa para a queda. Após ter contemplado o nome, o reino e a vontade de Deus, após ter recebido o pão sobrenatural e ter sido purificada do mal, a alma está pronta para a verdadeira humildade que coroa todas as virtudes. A humildade consiste em saber que neste mundo, toda alma, não apenas aquilo que chamamos de eu, em sua totalidade, mas também na parte sobrenatural da alma, que é Deus presente nela, está sujeita ao tempo e às vicissitudes da mudança. É preciso aceitar totalmente a possibilidade de que tudo aquilo que é natural em nós seja destruído. Mas, ao mesmo tempo, é preciso aceitar e repelir a possibilidade de que a parte sobrenatural da alma desapareça. É preciso aceitá-la como acontecimento que só se produziria em conformidade com a vontade de Deus. Repeli-la como sendo algo horrível. É preciso ter medo; mas que o medo seja a realização da confiança.

Os seis pedidos são respondidos de par em par. O pão transcendente é a mesma coisa que o nome divino. Isso é realizado pelo contato do homem com Deus. O Reino de Deus é a mesma coisa que a sua proteção estendida sobre nós contra o mal; proteger é uma função real. O perdão das dívidas aos nossos devedores é a mesma coisa que a aceitação total da vontade de Deus. A diferença é que nos três primeiros pedidos a atenção está voltada apenas para Deus. Nos três últimos, trazemos a atenção para nós, obrigando-nos a fazer desses pedidos um ato real, e não imaginário.

Na primeira metade da oração, começamos pela aceitação. Em seguida, nos permitimos um desejo. Depois, o corrigimos, voltando à aceitação. Na segunda metade, a ordem mudou; terminamos pela expressão do desejo, pois o desejo tornou-se negativo; ele se expressa como um temor. Nesse desdobramento, ele corresponde ao mais elevado grau de humildade, que é conveniente para finalizar a oração.

Esta oração contém todos os pedidos possíveis; não podemos conceber uma oração que não os englobe. Ela é para a oração o que Cristo é para a humanidade. É impossível pronunciá-la uma vez, dando a cada palavra a plenitude da atenção, sem que uma mudança, talvez infinitesimal, mas real, seja operada na alma.

Os três filhos de Noé e a história da civilização mediterrânea

A tradição que conta a história de Noé e seus filhos joga uma luz radiante sobre a história da civilização mediterrânea. Devemos separar aquilo que os hebreus acrescentaram por ódio. Sua interpretação é estrangeira à própria tradição, isso salta aos olhos, pois eles imputam uma falta a Cam e fazem a maldição cair sobre um dos seus filhos chamado Canaã. Os hebreus se gabam por terem inteiramente exterminado uma grande quantidade de cidades e povos no território de Canaã quando eram liderados por Josué. Quem quiser afogar seu cachorro o acusa de raiva. Quem já o afogou, acusa com ainda maior veemência. Não recebemos o testemunho do assassino contra a vítima.

Jafé é o ancestral dos povos errantes, em quem reconhecemos aquilo que chamamos de indo-europeus. Sem é o ancestral dos semitas, hebreus, árabes, assírios e outros; hoje em dia, classificamos entre eles os fenícios, por motivos linguísticos que não são convincentes; alguns, sem escrúpulo para com os mortos que devem tudo suportar, e modelando o passado sobre suas intenções presentes, assimilam fenícios e hebreus. Os textos bíblicos não fazem alusão a nenhuma afinidade entre os dois povos, pelo contrário. Vemos em Gênesis que os fenícios são descendentes de Cam. O mesmo é válido para os filisteus, que hoje em dia vemos como cretenses e, consequentemente, como *pelasgos*[12]; para a população da Mesopotâmia anterior à invasão semita, ou seja, aparentemente os sumérios de quem os babilônios mais tarde pegariam emprestada a sua civilização; para os hititas e enfim para o Egito. Toda a civilização mediterrânea que é imediatamente anterior aos tempos históricos é oriunda de Cam. Essa é a lista de todos os povos civilizadores.

A Bíblia diz: "O Eterno viu que o produto dos pensamentos do coração do homem era unicamente, constantemente mau... e Ele se afligiu". Mas havia Noé. "Noé foi um homem justo, irrepreensível entre seus contemporâneos; sua conduta foi guiada por Deus." Antes dele, desde o início da humanidade, apenas Abel e Enoque haviam sido justos.

Noé salvou o gênero humano da destruição. Uma tradição grega atribuiu esse benefício a Prometeu. Deucalião, o Noé da mitologia grega, é filho de Prometeu. A mesma palavra grega designa a arca de Deucalião e, em Plutarco, o baú onde foi fechado o corpo de Osíris. A liturgia cristã faz uma comparação entre a arca de Noé e a cruz.

Aparentemente, Noé foi o primeiro a plantar a vinha, como Dionísio. "Ele bebeu seu vinho e embriagou-se, e ficou nu no meio da sua tenda." O vinho encontra-se também, junto com o pão, nas mãos de Melquisedec, rei da justiça e da paz, sacerdote do Deus supremo, a quem Abraão se submeteu pagando-lhe o dízimo e recebendo a sua bênção. O salmo diz a seu respeito: "O Eterno disse ao meu senhor: "Senta-te à minha direita... Tu és sacerdote para 'a eternidade segundo a ordem de Melquisedec'".

---

12. Termo usado por alguns autores da Grécia antiga para se referir a populações que teriam sido ancestrais dos gregos ou que os teriam antecedido na colonização do território onde hoje está a Grécia [N.T.].

São Paulo escreveu sobre ele: "Rei da paz, sem pai, sem mãe, sem genealogia, sem origem para seus dias, sem término para a sua vida, assimilado ao Filho de Deus, tu és sacerdote para sempre".

O vinho era proibido aos sacerdotes de Israel durante o serviço de Deus. Mas Cristo, do início ao fim de sua vida pública, bebeu vinho quando estava entre os seus. Ele se comparava ao cepo da vinha, residência simbólica de Dionísio aos olhos dos gregos. Seu primeiro ato foi a transmutação da água em vinho; o último, a transmutação do vinho em sangue de Deus.

Noé, embriagado pelo vinho, estava nu em sua tenda; nu como Adão e Eva antes da queda. O crime de desobediência desencadeou neles a vergonha dos seus corpos; porém, mais ainda, a vergonha da sua alma. Todos nós que temos parte em seu crime também temos parte em sua vergonha e temos que ter muito cuidado em manter sempre em torno de nossas almas a vestimenta dos pensamentos carnais e sociais; se os afastássemos um momento sequer, deveríamos morrer de vergonha. No entanto, se acreditarmos em Platão, será preciso perdê-lo um dia, pois ele disse que todos serão julgados, e os juízes mortos e nus contemplarão com a própria alma as almas em si, todas mortas e nuas. Apenas alguns seres perfeitos morreram e ficaram nus aqui embaixo, já durante sua vida. Dentre essas pessoas, temos São Francisco de Assis, que sempre teve o pensamento fixo na nudez e na pobreza de Cristo sacrificado; São João da Cruz, que nada desejava do mundo senão a nudez do espírito. Mas eles suportavam estar nus por estarem embriagados de vinho; embriagados do vinho que corre todos os dias sobre o altar. Esse vinho é o único remédio para a vergonha que tomou conta de Adão e Eva.

Cam viu a nudez do seu pai e saiu da tenda para anunciá-la a seus dois irmãos. Mas estes não quiseram vê-la. Eles pegaram um cobertor e, caminhando de costas, cobriram seu pai.

O Egito e a Fenícia são filhos de Cam. Heródoto, corroborado por muitas tradições e testemunhos, via no Egito a origem da religião e nos fenícios os agentes de transmissão. Os helenos receberam todo seu pensamento religioso dos pelasgos, que tinham recebido quase tudo do Egito por intermédio dos fenícios. Uma página esplêndida de Ezequiel também reafirma Heródoto, pois ele compara a cidade de Tiro ao querubim que guarda a árvore da vida no Éden e compara o Egito à própria árvore da vida – a mesma árvore da vida que o Cristo assimilou ao Reino dos Céus e que teve como fruto o próprio corpo de Cristo suspenso na cruz.

> "Entoe um elogio sobre o rei de Tiro. Tu lhe dirás: "...Tu eras o selo da perfeição... Tu estavas no Éden, o jardim de Deus... tu eras o querubim eleito que protege... No meio das pedras de fogo tu circulavas. Fostes irrepreensível na tua conduta desde o dia em que fostes criado até a perversidade encontrar-se em ti..."
> Diga ao Faraó: "...A que podes ser comparado?... Ele era um cedro com belos galhos... Sua copa atravessava as nuvens. As águas o fizeram crescer. Em seus galhos refugiavam-se todos os pássaros do céu e sob seus ramos vinham colocar-se todos os animais dos campos. À sua sombra permaneciam todas as grandes nações. Ele era belo na sua grandeza, no comprimento das suas raízes, pois sua raiz banhava-se nas grandes águas... Nenhuma árvore do jardim de Deus igualava-se em beleza... todas as árvores do Éden que estavam

no jardim de Deus sentiram ciúmes... eu o repudiei. Os estrangeiros o cortaram, os mais violentos dentre os povos, eles o jogaram ali... Sobre sua ruína habitavam todos os pássaros do céu... Eu guardei o luto; por causa dele eu recobrei a fonte profunda... Para ele, eu escureci o Líbano".

Se ao menos as grandes nações ainda se encontrassem à sombra dessa árvore. Jamais, desde o Egito, encontramos em outro lugar expressões de uma doçura tão despedaçadora para a justiça e tão grande misericórdia sobrenatural para com os seres humanos. Uma inscrição antiga de 4.000 anos coloca na boca de Deus essas palavras: "Eu criei os quatro ventos para que todo homem pudesse respirar como seu irmão; as grandes águas para que o pobre pudesse usá-las, como faz o seu senhor; criei todo homem semelhante ao seu irmão. E proibi que eles cometessem a iniquidade, mas seus corações desfizeram o que a minha palavra havia prescrito". A morte fez de todo homem rico ou miserável um deus para a eternidade, um Osíris justificado, caso ele pudesse dizer a Osíris: "Senhor da verdade, eu te trago a verdade. Destruí o mal para ti". Para isso, seria necessário que ele pudesse dizer: "Nunca sugeri meu nome para receber honrarias. Não exigi que fizessem por mim horas suplementares de trabalho. Não deixei que escravo algum fosse punido pelo seu amo. Não mandei matar ninguém. Não deixei ninguém com fome. Não causei medo a ninguém. Não fiz ninguém chorar. Não elevei a minha voz. Não me fingi de surdo às palavras justas e verdadeiras".

Para os homens, a comparação sobrenatural só pode ser uma participação à compaixão de Deus, que é a Paixão. Heródoto viu o lugar sagrado onde, perto de uma bacia redonda feita de pedra, repleta de água, a cada ano era celebrada a festa chamada mistério, que representava o espetáculo da Paixão de Deus. Os egípcios sabiam que os homens são proibidos de ver Deus, a não ser no Cordeiro sacrificado. Se acreditarmos em Heródoto, há cerca de 20.000 anos um ser humano, santo e talvez divino – que ele chama de Hércules, e que talvez seja idêntico a Nimrod, neto de Cam – quis ver Deus face a face e suplicou para que seu desejo fosse atendido. Deus não queria mostrar-se. Contudo, não podendo resistir à oração, matou e arrancou a pele de um carneiro, pegou sua cabeça para usar como máscara, vestiu seu velo e mostrou-se sob essa forma. Em lembrança desse acontecimento, uma vez por ano um carneiro era morto em Tebas e a estátua de Zeus era revestida com seus despojos, enquanto o povo vivenciava o luto; em seguida, o carneiro era enterrado em uma sepultura sagrada.

O conhecimento e o amor por uma segunda pessoa divina, que não seja o Deus criador e poderoso, mas que é ao mesmo tempo idêntico a Ele, que é sabedoria e amor, que coloca ordem em todo o universo, que instrui os homens, unindo em si, pela encarnação, a natureza humana à natureza divina, mediadora, sofredora, redentora das almas: eis o que as nações encontraram à sombra da árvore maravilhosa da nação filha de Cam. Se estiver ali o vinho que embriagou Noé quando Cam o viu ébrio e nu, ele poderia muito bem ter perdido a vergonha que é compartilhada pelos filhos de Adão.

Os helenos, filhos de Jafé, que se recusaram a ver a nudez de Noé, chegaram ignorantes sobre a terra sagrada da Grécia. Isso é revelado por Heródoto e muitos outros testemunhos. Mas os primeiros que chegaram a essa terra, os aqueus, beberam avidamente o ensinamento que lhes era oferecido.

O deus que é outro que o Deus supremo, mas que é ao mesmo tempo idêntico, está presente entre eles, dissimulado sob um grande número de nomes que não conseguiriam escondê-lo aos nossos olhos se não estivéssemos cegos pelo preconceito; pois uma grande quantidade de relações, alusões e indicações frequentemente muito claras mostram a equivalência de todos esses nomes com o de Osíris. Alguns destes nomes são: Dionísio, Prometeu, Amor, Afrodite Celeste, Hades, Coré. Perséfone, Minos, Hermes, Apolo, Ártemis, Alma do Mundo. Um outro nome que conheceu uma maravilhosa fortuna é Logos, Verbo, ou melhor, Relação, Mediação.

Os gregos também travaram conhecimento, sem dúvida também recebido do Egito, já que não havia para eles nenhuma outra fonte, de uma terceira pessoa da Trindade, relação entre as outras duas. Ela aparece em vários trechos de Platão e em Heráclito; o hino a Zeus do estoico Cleante, inspirado por Heráclito, coloca a Trindade diante dos nossos olhos:

> ...Nós nascemos de ti e o nosso destino é sermos à imagem de Deus,
> É a ti que este universo inteiro que gira em volta da terra obedece, seja qual for o lugar onde o conduzas, e é de bom grado que ele se submete ao teu poder:
> Tal é a virtude do servo que tu tens nas tuas mãos invencíveis,
> o raio eterno de fogo com duplo gume!
> Sobre os seus golpes todas as obras da natureza estremecem,
> Com ele tu diriges o Logos universal que penetra todas as coisas...
> Livra os homens da miserável ignorância, expulsa-a, Pai, da nossa alma, faz com que obtenhamos a inteligência na qual tu te apoias

para governar com justiça o universo, a fim de que, honrados dessa maneira, nós possamos responder a essa honra.

Sob diversos nomes, todos equivalentes a Ísis, os gregos também conheceram um ser feminino, maternal, virgem, sempre intacto, não idêntico a Deus e, no entanto, divino, uma Mãe dos homens e das coisas, uma Mãe do Mediador. Platão fala claramente sobre ela no *Timeu*, como se o estivesse fazendo em voz baixa, com ternura e temor.

Outros povos, descendentes de Jafé ou de Sem, receberam tardiamente, mas avidamente, o ensinamento oferecido pelos filhos de Cam. Este foi o caso dos celtas. Eles se submeteram à doutrina dos druidas, certamente anteriores à sua chegada na Gália, pois essa chegada foi tardia; uma tradição grega indicava os druidas da Gália como uma das origens da filosofia grega. O druidismo deveria, portanto, ser a religião dos iberos. O pouco que sabemos desta doutrina os associa a Pitágoras. Os babilônios absorveram a civilização da Mesopotâmia. Os assírios, esse povo selvagem... permaneceram, sem dúvida, meio surdos. Os romanos foram completamente surdos e cegos a tudo o que era espiritual, até o dia em que foram mais ou menos humanizados pelo batismo cristão. Tudo indica que os povos germânicos também só tenham recebido alguma noção do sobrenatural com o batismo cristão. Contudo, é preciso certamente fazer uma exceção aos godos, este povo de justos, sem dúvida tão trácio quanto germano, e aparentado aos getas, esses nômades loucamente apaixonados pela imortalidade e o outro mundo.

Israel opôs uma recusa à revelação sobrenatural, pois não lhe convinha um deus que falasse à alma no segredo, mas um deus presente à coletividade nacional e protetor na guerra. Ele queria o poder e a prosperidade. Apesar dos seus contatos frequentes e prolongados com o Egito, os hebreus permaneceram impermeáveis à fé em Osíris, à imortalidade, à salvação, à identificação da alma com Deus através da caridade. Essa recusa tornou possível a condenação de Cristo à morte. Ela se prolongou após essa morte, na dispersão e no sofrimento sem fim.

No entanto, algumas vezes Israel recebeu louvores que permitiram ao cristianismo proceder de Jerusalém. Jó não era judeu, ele era originário da Mesopotâmia, mas suas maravilhosas palavras figuram na Bíblia, ele ali evoca o Mediador nesta função suprema de árbitro entre o próprio Deus e o homem, que Hesíodo associa a Prometeu. Daniel, cronologicamente o primeiro entre os hebreus e cuja história não foi maculada por nenhum ato atroz, foi iniciado à sabedoria calcedônia durante o exílio e foi amigo dos reis medos e persas. Os persas, segundo Heródoto, separavam toda representação humana da divindade, mas adoravam, junto com Zeus, a Afrodite celeste sob o nome de Mithra. É ela, sem dúvida, que aparece na Bíblia sob o nome de Sabedoria. Também durante o exílio, a noção do justo sofredor, vinda da Grécia, do Egito ou de outros lugares, infiltrou-se em Israel. Mais tarde, o helenismo submergiu a Palestina durante um momento. Graças a tudo isso, Cristo pôde ter discípulos. Mas Ele teve de formá-los longamente, pacientemente e prudentemente! No lugar onde o eunuco da rainha da Etiópia recebeu o batismo, o país que aparece na Ilíada como a terra da eleição dos deuses, onde segundo Heródoto apenas Zeus e Dionísio eram adorados, no qual, segundo o mesmo Heródoto, a mitologia grega situava o refúgio onde foi escondida e preservada a criança Dionísio, esse eunuco não teve necessidade de nenhuma preparação. Desde que ele escutou o relato da vida e da morte do Cristo, ele recebeu o batismo.

O Império Romano era então realmente idólatra. O ídolo era o Estado. O imperador era adorado. Todas as formas de vida religiosa deviam ser subordinadas a esta, nenhuma delas podia elevar-se acima da idolatria. Todos os druidas da Gália foram massacrados. Os ferventes adoradores de Dionísio foram mortos e aprisionados sob acusações de devassidão, motivo pouco verossímil, dada a quantidade de devassidão publicamente tolerada. Os pitagóricos, os estoicos e os filósofos foram perseguidos. O que sobrou não passava de reles idolatria, e assim os preconceitos de Israel transmitidos aos primeiros cristãos foram verificados por coincidência. Os mistérios gregos eram há muito tempo aviltados, os mistérios importados do Oriente tinham praticamente tanta autenticidade quanto hoje em dia as crenças da teosofia.

Assim pôde-se dar crédito à noção falsa do paganismo. Nós não nos damos conta de que, caso os hebreus dos bons tempos ressuscitassem entre nós, sua primeira ideia seria a de massacrar a todos, inclusive as crianças em seus berços, e de arrasar nossas cidades, por crimes de idolatria. Eles chamariam Cristo de Baal e a Virgem de Astarte.

Seus preconceitos infiltrados na própria substância do cristianismo desenraizaram a Europa, separaram-na do seu passado milenar, estabeleceram uma defesa estanque, impenetrável, entre a vida religiosa e a vida profana, essa tendo sido inteiramente herdada da época dita pagã. A Europa, assim desenraizada, mais tarde desenraizou-se ainda mais ao se separar, em larga medida, da própria tradição cristã, sem poder reatar nenhum vínculo espiritual com a Antiguidade. Um pouco mais tarde, ela foi para todos os continentes do globo terrestre, desenraizando-os, por sua vez, através das armas, do dinheiro, da técnica, da propaganda religiosa. Agora talvez possamos afirmar que o globo terrestre inteiro está desenraizado e viúvo do seu passado. Isso aconteceu porque o cristianismo nascente não soube se separar de uma tradição que tinha, no entanto, conduzido ao assassinato de Cristo. Entretanto, Cristo não lançou o fogo da sua indignação contra a idolatria, mas contra os fariseus, artífices e adeptos da restauração religiosa e nacional judaica, inimigos do espírito helênico. "Vocês tiraram a chave do conhecimento." Será que algum dia conseguiremos entender o alcance dessa acusação?

O cristianismo, tendo despontado na Judeia sob a dominação romana, carrega em si, ao mesmo tempo, o espírito dos três filhos de Noé. Assim, pudemos ver guerras entre cristãos nas quais o espírito de Cam estava de um lado e o de Jafé de outro. Isso aconteceu na Guerra dos Albigenses. Não é por acaso que em Toulouse encontram-se esculturas romanas de estilo egípcio. Mas se o espírito dos filhos que recusaram sua cota de embriaguez e nudez pode ser encontrado entre os cristãos, ele encontra-se ainda mais fortemente entre aqueles que repelem o cristianismo e assumem abertamente o invólucro de Sem e de Jafé!

Todos aqueles que fizeram parte, grande ou pequena, direta ou indireta, consciente ou implícita, mas autêntica, do vinho de Noé e de Melquisedec, no sangue do Cristo, todos esses são irmãos do Egito e de Tiro, filhos adotivos de Cam. Mas, hoje em dia, os filhos de Jafé e de Sem fazem muito mais barulho. Uns são poderosos, outros são perseguidos, separados por um ódio atroz, são irmãos e parecem-se muito. Eles se assemelham pela recusa à nudez, pela necessidade de vestimenta, feita de carne e sobretudo de calor coletivo, que protege da luz o mal que carregam em si. Essa vestimenta torna Deus inofensivo, ela permite indiferentemente negá-lo ou afirmá-lo, invocá-lo sob nomes verdadeiros ou falsos; ela permite chamá-lo pelo seu nome sem temer que a alma seja transformada pelo poder sobrenatural deste nome.

A história dos três irmãos, na qual o mais jovem, como em todos os contos, recebeu a aventura maravilhosa, essa história também foi além dos limites do Mediterrâneo? É difícil adivinhar. Podemos apenas pensar que a tradição hindu, que no próprio centro da sua inspiração é tão extraordinariamente semelhante ao pensamento grego, aparentemente não é de origem indo-europeia; se assim fosse, os helenos a teriam possuído ao chegar na Grécia e não teriam de ter aprendido tudo. Por outro lado, segundo Nonnos, a tradição dionisíaca menciona duas vezes a Índia; Zagreus teria sido criado perto de um rio indiano chamado Hydaspe e Dionísio teria ido fazer uma expedição à Índia. Seja dito de passagem, ele teria encontrado ao longo da viagem um rei ímpio que teria lançado seu exército sobre ele enquanto se encontrava sem armas, ao sul do Monte Carmelo, e o teria forçado a se refugiar no Mar Vermelho. *A ilíada* fala também desse incidente, mas sem situá-lo. Trata-se de Israel? O que quer que seja, o parentesco de Dionísio com Vishnu é evidente e Dionísio também é chamado de Baco. Não podemos dizer mais nada sobre a Índia. Provavelmente nada podemos dizer sobre o resto da Ásia, nem da Oceania, nem da América, nem da África negra.

Mas para a bacia mediterrânea, a lenda dos três irmãos é a chave da história. Cam realmente foi vítima de uma maldição, que é comum a todas as coisas, a todos os seres que um excesso de beleza e pureza destina ao infortúnio. Muitas invasões se sucederam ao longo dos séculos. Os invasores sempre eram oriundos de filhos voluntariamente cegos. Cada vez que um povo invasor se submeteu ao espírito do lugar, que é o espírito de Cam, e ali bebeu a inspiração, houve civilização. Cada vez que ele preferiu sua orgulhosa ignorância houve barbárie e trevas piores do que a morte se estenderam pelos séculos.

Que o espírito de Cam possa logo florescer novamente às margens dessas ondas.

Adendo

Há ainda uma outra prova de que Noé tenha recebido uma revelação. A Bíblia nos diz que Deus fez um pacto com a humanidade na pessoa de Noé e o arco-íris foi um sinal deste pacto. Um pacto de Deus com o homem só pode ser uma revelação.

Essa revelação tem uma relação com a noção de sacrifício. Ao respirar o cheiro do sacrifício de Noé, Deus resolveu que não teria mais o pensamento de destruir a humanidade. Esse sacrifício foi redentor. Poderíamos quase acreditar que se trata de um pressentimento do sacrifício de Cristo.

Os cristãos chamam a missa de sacrifício, pois ela repete todos os dias a Paixão. O *Bhagavad Gita*, que é anterior à era cristã, também diz ao Deus encarnado: "O sacrifício sou eu mesmo presente neste corpo". Portanto, a ligação entre a ideia de sacrifício e a da encarnação é provavelmente muito antiga.

A Guerra de Troia foi um dos exemplos mais trágicos do ódio de dois irmãos contra Cam. Este foi um atentado de Jafé contra Cam. Do lado dos troianos só encontramos povos que provêm de Cam; não encontramos nenhum do outro lado.

Há uma exceção aparente que é uma confirmação. São os cretenses. Creta foi uma das pérolas da civilização descendente de Cam. Em *A ilíada* nós vemos os cretenses ao lado dos aqueus.

Mas Heródoto nos ensina que eram falsos cretenses. Eram helenos que pouco antes tinham povoado a ilha que se tornara quase deserta. No entanto, ao voltarem, Minos, irritado com eles devido à sua participação nessa guerra, os atormentou com a peste. No século V, a Pítia de Delfos proibiu aos cretenses de unirem-se aos gregos nas Guerras Médicas[13].

Essa Guerra de Troia foi o empreendimento da destruição de toda uma civilização. O empreendimento teve sucesso.

Homero continuou chamando Troia de "a Santa Ilion". Essa guerra foi o pecado original dos gregos, seu arrependimento. Devido a esse arrependimento os carrascos mereceram herdar em parte a inspiração das suas vítimas.

Mas também é verdade que, com exceção dos dórios, os gregos eram uma mistura de helenos e pelasgos, mistura na qual os helenos eram o elemento invasor, e os pelasgos dominavam de fato. Os pelasgos são oriundos de Cam. Os helenos tudo aprenderam com eles. Os atenienses, em especial, eram praticamente puros pelasgos.

Se admitirmos, segundo uma das duas hipóteses que os eruditos compartilham entre si, que os hebreus saíram do Egito no século XIII, o momento da sua saída está próximo da época da Guerra de Troia, como ela é indicada por Heródoto.

A partir daí uma simples suposição se apresenta ao nosso espírito: quando Moisés julgou, com ou sem inspi-

---

13. Conflitos bélicos entre os antigos gregos (aqueus, jônios, dórios e eólios) e o Império Aquemênida durante o século V a.C. [N.T.].

ração divina, que os hebreus já tinham suficientemente vagueado no deserto e poderiam entrar na Palestina, esse foi o momento no qual o país tinha sido esvaziado dos seus guerreiros pela Guerra de Troia, tendo os troianos pedido ajuda até mesmo a povos bastante longínquos. Os hebreus, conduzidos por Josué, puderam massacrar sem pena e sem haver necessidade de muitos milagres às populações sem defensores. Mas um dia os guerreiros que tinham partido para lutar em Troia voltaram. Então as conquistas pararam. No início do Livro dos Juízes vemos os hebreus muito menos avançados do que no final do Livro de Josué, também os vemos lutando com populações que sob Josué diziam ter inteiramente exterminado.

Compreendemos, assim, que a Guerra de Troia não tenha deixado nenhuma marca na Bíblia e a conquista da Palestina pelos hebreus tampouco tenha deixado alguma marca nas tradições gregas.

No entanto, o silêncio total de Heródoto sobre Israel continua muito enigmático. É preciso que naquela época esse povo tenha sido visto como sacrílego, como algo que não deveria ser mencionado. Isso é possível se ele for aquele povo designado sob o nome de Licurgo, o rei que se jogou em armas sobre Dionísio desarmado. Mas após o retorno do exílio e a reconstrução do Templo houve certamente uma mudança.

Apêndice

(Cf. p. 17)[14]

Foi sem dúvida neste período (abril de 1942) que se situa esta carta, cuja primeira página está faltando (ela traz no cabeçalho o número 2); foi nessas semanas também que se situa a carta a G. Thibon citada imediatamente após.

Podemos ter uma ideia de como ela dava importância às questões essenciais, passando do sério à angústia. No ano seguinte, ela escreveu a Maurice Schumann: "Tenho tanto medo que chega a ser uma angústia, de que eu faça parte, pelo contrário, do número dos escravos indóceis".

Através desta carta ou de uma outra, poderíamos acreditar que o batismo tenha sido nosso único assunto; sem dúvida, ela falava frequentemente a respeito, mas falávamos do amor a Deus (ela leu diversos capítulos desde então redigidos em minha obra *Le mystère de la charité* [O mistério da caridade]); nós falávamos do Evangelho e da salvação do mundo; da oração e da vida com Deus, sobretudo nos textos "o Pai vê no segredo" etc.

---

14. Na edição eletrônica dos clássicos das ciências sociais, isso remeteria à Carta I.

Carta a J.M. Perrin

(Fragmento incompleto)

[...] Acredito que sempre devemos apoiar o que pensamos, mesmo quando apoiamos um erro contra uma verdade; mas ao mesmo tempo é preciso orar perpetuamente para obter mais verdade e estar continuamente pronto para abandonar qualquer uma das nossas opiniões a partir do momento em que a inteligência receber mais luz. Mas não antes.

Quanto à existência de um bloco compacto de dogmas fora do pensamento, eu acredito que esse bloco compacto seja algo infinitamente precioso. Mas acredito que ele seja oferecido à atenção e não à crença. Quando percebemos pontos de luz em um tal bloco é porque frequentemente percebemos que as partes sombrias nos parecem sombrias por não as termos olhado com atenção suficiente. Digo frequentemente porque há também uma parte da inevitável deformação humana e, consequentemente, partes não inspiradas; mas sempre é preciso temer equivocar-se. Nesse bloco compacto devemos olhar as partes sombrias até vermos a luz jorrar; no entanto, antes de chegarmos a esse ponto, não lhes devemos uma outra adesão além da própria atenção. Falo da atenção mais intensa, que vem acompanhada do amor e que se confunde com a oração. Se não houvesse tal bloco, só olharíamos para onde já vemos a luz e, assim, não progrediríamos.

Há algumas passagens do Evangelho que me chocaram outrora e que agora são para mim extremamente luminosas.

Mas a verdade que ali se encontra não se parece nem um pouco com o significado que eu acreditava ver nelas anteriormente e que me chocava. Se não as tivesse lido e relido com atenção e amor, não teria conseguido chegar a esta verdade. Mas tampouco teria conseguido chegar se tivesse abdicado da minha própria opinião, se tivesse me submetido às passagens do Evangelho antes de perceber a luz que elas contêm. Outras passagens ainda me estão fechadas, mas acredito que com o tempo e com a ajuda da graça, a atenção e o amor devem um dia torná-las quase todas transparentes. O mesmo acontece com os dogmas da fé católica.

Devo dizer que tenho a mesma atitude de espírito para com as outras tradições religiosas ou metafísicas, assim como outros textos sagrados, apesar de a fé católica me parecer, dentre todas, a mais repleta de luz. Desde as nossas primeiras conversas, quando eu lhe expressava minhas dificuldades com relação às outras religiões, o senhor me dizia que, com o tempo, sem dúvida essas dificuldades perderiam sua importância aos meus olhos. Na verdade, devo dizer que, pelo contrário, quanto mais eu penso, mais a atitude tradicional da Igreja nesse ponto me parece inaceitável. Quanto mais eu penso, mais esse ponto me parece importante, pois acredito que essa atitude tradicional da Igreja diminui não apenas as outras religiões, mas a própria religião católica. No entanto, no momento não me parece mais que haja aí um obstáculo intransponível ao batismo. Talvez eu me engane, mas acredito que a atitude da Igreja nesse ponto não é essencial à fé católica e que a Igreja pode mudar de atitude a esse respeito, como ela fez com relação à astronomia, à física e à biologia, com relação à história e à crítica. Tenho até mesmo a impressão que ela será obrigada a mudar de atitude, ela não poderá deixar de fazer isso.

Eu teria muito a lhe dizer sobre esse assunto, mas é preciso colocar limites. Eu acrescentaria apenas o seguinte: parece-me que a própria Escritura contém a prova totalmente clara de que muito antes do Cristo, na aurora dos tempos históricos, houve uma revelação superior à de Israel. Eu não vejo qual outro sentido poderíamos dar à história de Melquisedec e ao comentário feito por São Paulo. Ao lermos a passagem de São Paulo, poderíamos quase acreditar que se trata de uma outra encarnação do Verbo. Mas sem chegar a tanto, a frase: "Tu és sacerdote para sempre segundo a ordem de Melquisedec" mostra de maneira evidente que Melquisedec estava ligado a uma revelação próxima da revelação cristã, talvez menos completa, mas no mesmo nível; ao passo que a revelação de Israel é de um nível muito inferior. Não sabemos nada sobre Melquisedec, a não ser...

Carta a Gustave Thibon

(Trecho)

[...] O senhor deve ter adivinhado que as palavras do Padre Perrin, ontem à noite, me incomodaram muito. Elas quase me deram a impressão de ter faltado em probidade para com ele, apesar de sempre ter tentado não lhe mentir. O pensamento de que poderia decepcioná-lo e assim causar-lhe alguma dor, me é muito penoso devido à minha afeição por ele e por reconhecer a caridade dele em desejar o meu bem. No entanto, eu não posso entrar na Igreja apenas para não magoá-lo...

Eu não compreendo exatamente do que ele está falando quando diz para eu me "comunicar com a plenitude do Senhor" – será que ele acredita que os santos e aqueles que estão próximos da santidade são os únicos a possuí-la? Nesse caso, a virtude dos sacramentos não poderá concedê-la em hipótese alguma, pois jamais alguém atribuiu aos sacramentos a virtude de conferir a santidade. Se ele me batizasse esta noite, acho que amanhã eu estaria quase tão longe da santidade quanto neste momento; por infelicidade, estou afastada devido a obstáculos bem mais difíceis de transpor do que a não participação nos sacramentos. E se o Padre Perrin falasse da comunicação com Deus como algo que qualquer católico convicto tenha recebido, eu não acho que isso seja para mim uma coisa que irá acontecer. Da mesma forma, quando ele fala da "casa paterna"; se for no sentido dado pelo Evangelho, ou seja, o Reino de Deus, eu estou infelizmente longe, extremamente longe. Se ele estiver falando da Igreja, é verdade que estou próxima, pois estou à porta. Mas isso não quer dizer que eu esteja pronta para entrar. É verdade que o menor impulso bastaria para me fazer entrar; mas o impulso ainda é necessário, pois sem ele eu poderia permanecer indefinidamente à porta. Meu desejo muito vivo de agradar o Padre Perrin não pode substituir esse impulso, pode apenas me deter para evitar uma mistura ilegítima.

Neste momento, eu estaria mais disposta a morrer pela Igreja, se ela algum dia tiver necessidade de que morramos por ela, ao invés de entrar nela. Morrer não é um compromisso, se pudermos colocar dessa maneira, pois morrer não comporta mentiras.

Infelizmente, tenho a impressão de que minto, não importa o que eu faça, seja mantendo-me fora da Igreja, seja entrando nela. A questão é saber onde está a mentira menor, e essa questão ainda está em suspenso em meu espírito. É muita infelicidade não poder pedir conselho ao Padre Perrin exatamente sobre essa questão, pois eu não poderia colocar diante dele o problema da maneira como ele se coloca para mim.

Eu gostaria muito de sempre poder agradar as pessoas que eu amo, mas o destino sempre faz de mim uma causa ou uma ocasião para causar dor.

Carta a Maurice Schumann

(Trecho)

[...] Toda parte medíocre da alma tem repugnância ao sacramento, o odeia e o teme muito mais do que a carne de um animal que recua para fugir da morte que vai se apoderar dele [...]. Quanto mais real for o desejo de Deus e consequentemente o contato com Deus através do sacramento, tanto mais violenta é a rebelião da parte medíocre da alma; rebelião comparável à retração de uma carne viva que estaríamos prestes a levar ao fogo. De acordo com cada caso, há principalmente cor de repulsa, ódio ou medo. [...] Em seu esforço desesperado para sobreviver e escapar da destruição pelo fogo, a parte medíocre da alma, com uma atividade febril, inventa argumentos. Ela os toma emprestados de qualquer arsenal, inclusive da teologia e de todas as advertências sobre os perigos dos sacramentos indignos. Contanto que esses pensamentos não sejam absolutamente escutados pela alma quando eles surgem, esse tumulto interior é infinitamente feliz. Quanto mais violento for o movimento interior de recuo, de revolta e de temor, mais podemos ter certeza de que o sacramento vai destruir muito mal na alma e transportá-la para muito mais perto da perfeição.

Clássicos da Espiritualidade

Confira outros títulos da coleção em

livrariavozes.com.br/colecoes/classicos-da-espiritualidade

ou pelo Qr Code

Conecte-se conosco:

- **f** facebook.com/editoravozes
- @editoravozes
- 𝕏 @editora_vozes
- ▶ youtube.com/editoravozes
- ☎ +55 24 2233-9033

www.vozes.com.br

Conheça nossas lojas:

www.livrariavozes.com.br

Belo Horizonte – Brasília – Campinas – Cuiabá – Curitiba
Fortaleza – Juiz de Fora – Petrópolis – Recife – São Paulo

EDITORA VOZES LTDA.
Rua Frei Luís, 100 – Centro – Cep 25689-900 – Petrópolis, RJ
Tel.: (24) 2233-9000 – E-mail: vendas@vozes.com.br